Työmuistoja ja ajatuksia
Yhteiskunnallista pohdintaa

Kyösti Waris

Kansikuva: Creative Commons
Teksti ja toteutus: Kyösti Waris

Neljäs, tarkistettu painos

© 2025 Kyösti Waris

Kustantaja: BoD · Books on Demand,
Mannerheimintie 12 B, 00100 Helsinki,
bod@bod.fi
Kirjapaino: Libri Plureos GmbH,
Friedensallee 273, 22763 Hampuri, Saksa

ISBN: 978-952-80-8370-2

Lukijalle

Tämän julkaisun pohjana on Suomen Psykologiliitolle lähettämäni kirjoitus *Psykologista kansalaiseksi – eräs tutkimustarina*. Kerron siinä kokemuksistani työurani eri vaiheissa, ja se on osa Psykologiliiton työmuistojen keruuhanketta: *Psykologin työ – miten kaikki kehittyi?* Tässä julkaisussa esitän ajatuksiani myös yhteiskunnallisista ilmiöistä, mm. Suomen kansainvälisestä asemasta yhteiskuntatieteilijän ja kansalaisen näkökulmasta katsottuina. Ne pohjautuvat työura- ja elämänkokemuksiini. Olen tehnyt tähän painokseen joitakin tekstikorjauksia.

Helmikuussa 2025

Kyösti Waris

Sisällys

Taustaa

K iinnostuin kouluaikanani psykologiasta, ja niin päätin lähteä lukemaan psykologiaa ajatellen erityisesti kliinisen psykologin työtä. Halusin tietää, miksi ihmiset käyttäytyvät ja oireilevat niin kuin tekevät. Toisaalta halusin tietää myös yhteiskunnasta enemmän ja valitsin toiseksi pääaineekseni sosiologian.

Kun tarkastelen psykologin uraani näin jälkikäteen, huomaan, että henkilökohtainen kehitykseni tiukasta psykologin ammatti-identiteetistä on kulkenut kohti roolivapaata ihmistä, kansalaista. Kriittisyyteni ammattirooleja, myös psykologin ammatti-identiteettiä kohtaan, on kasvanut. Toisaalta on myönnettävä, että olen hyötynyt siitä ihmistuntemuksesta, jonka olen saanut toimiessani psykologin ammatissa. Tässä kirjoituksessa käyn läpi kokemuksiani psykologin työn eri tehtävissä ja eri työyhteisöissä.

Koulu- ja opiskeluaikoinani työskentelin kesäisin nuoresta alkaen erilaisissa työtehtävissä, kuten maataloudessa, teollisuudessa, rakennuksilla ja kuljetustehtävissä. Tämä työkokemus antoi minulle hyvän kuvan työelämästä jo ennen psykologin työtä.

Opinnoista

Kirjoitin ylioppilaaksi Lahden lyseosta 1966. Opiskelin Tampereen yliopistossa yhteiskuntatieteiden maisterin tutkintoa (1972) pääaineenani psykologia. Toisena pääaineena minulla oli (työn) sosiologia, muina aineina sosiaalipolitiikka ja tilastotiede.

Oppimisteoria oli tuolloin vahvasti edustettuna Tampereen yliopiston psykologian laitoksessa. Tämä kävi ilmi, kun hämmästykseksi jouduin opinnot aloittaessani melkein heti perehtymään rottakokeisiin ja niiden tuloksiin. Hämmästelin, että tätäkö psykologia on, eikö sen pitäisi tutkia ihmistä? No, myöhemmin olen kyllä huomannut, että rotilla ja ihmisillä näyttää olevan hämmästyttävän paljon yhtäläisyyksiä.

Toinen tuolloin minua hämmästyttänyt piirre opinnoissa oli tilastomatematiikka, jota opetettiin perusteellisesti ja asiantuntevasti. Senkin merkitys tuli kyllä selväksi työuran myöhemmissä vaiheissa.

Kliinisen psykologin työtä ajatellen opetusta oli muistaakseni tuolloin melko vähän. Osallistuin kuitenkin mm. laitoksen kurssille Psykofarmakat ja käyttäytymisen kontrolli. Ostin itselleni USA: sta kirjan *Systems of Psychotherapy - A Comparative Study by Donald H. Ford and Hugh B. Urban.* Kirjassa oli kuvattu kymmenkunta keskeistä psykoterapiajärjestelmää. Tentin kirjan laudaturvaiheessa, ja siitä oli suurta hyötyä myöhemmin kliinisessä työssäni. Psykologin työharjoitteluni tein Tampereen III:ssa mielenterveystoimistossa muistaakseni vuonna 1971 psykologi *Laila Uusitalon* ohjauksessa.

Työtehtävieni muututtua jatkoin myöhemmin opintojani työ- ja organisaatiopsykologian alueella ja väittelin aiheesta Turun yliopistossa syyskuussa 1999. Väitöskirjani aiheena oli *Mental Well-Being at Work. A Sign of a Healthy Organisation and a Necessary Precondition for Organisational Development*. Suomennettuna: Henkinen hyvinvointi työssä – Terveen työyhteisön tunnusmerkki ja välttämätön edellytys työolojen (omaehtoiselle) kehittämiselle.

Työ kehitysvammahuollossa (1973)

V almistumiseni jälkeen aloitin työurani tilapäisenä psykologina Antinkartanon keskuslaitoksessa tammi-helmikuussa 1973. Laitos sijaitsi Vanhassa-Ulvilassa Porin lähellä. Kohderyhmänäni siellä olivat mm. koululaiset, ja tässä tehtävässä tutustuin paremmin joihinkin lapsiin. Mieleeni heistä on jäänyt eräs autistinen poika, joka ei puhunut mitään, mutta tuli kyllä syliin istumaan. Hänellä oli tapana alkaa kiertää yhä loittonevaa kehää juoksuaskelin pois henkilöstä, joka oli hänen kanssaan. Ikään kuin hän olisi halunnut karata tms.

Olin kiinnostunut tuolloin käyttäytymisterapiasta ja hankkinut aihetta käsittelevän kirjan: *Behavior Therapy - Appraisal & status / Cyril M. Franks (Toim.)*. Kirja oli paksu, enkä sitä ehtinyt lukea kokonaan. Ajattelin kuitenkin kokeilla, voisinko saada tuon käyttäytymisen lapselta loppumaan käyttäytymisterapian keinoin. Ajatukseni oli, että kun lähden hänen kanssaan juoksemaan niin, että hän hengästyy, hän kokee sen epämiellyttäväksi eikä halua enää toistaa tapaansa. Tämä ei kuitenkaan toiminut, tilanne pysyi ennallaan.

Kun olen miettinyt, miksi terapia ei tuottanut tulosta, olen päätynyt siihen, että ehkä tuo mukaantuloni oli hänelle palkitsevaa: oli joku, joka teki yhdessä hänen kanssaan jotain eikä käyttäytymiseen siksi tullut muutosta. Palkitsemisperiaatteen mukaisesti olisi pitänyt löytää joku sopiva asia, mikä lapsesta olisi tuntunut palkinnolta ja sopiva hetki, jolloin hän lopettaa juoksemisensa ja palkita häntä silloin. Näitä positiivisen vahvistamisen elementtejä en löytänyt.

Käyttäytymisen myönteistä vahvistamista, palkitsemista, sovelletaan eläinten opettamiseen - ja ihme kyllä, usein myös lapsiin. Olen jäänyt pohtimaan, onko tämä aina oikein. Se, että opetetaan temppuja ihmiselle, joka ne opittuaan tulee hyväksytyksi, ilman että sen kummemmin perehdytään hänen tilanteeseensa. Minusta se on pintapuolista suhtautumista ihmiseen ja voi todellisuudessa kertoa siitä, että hänestä ei oikeasti välitetä eikä hänestä olla kiinnostuneita. Kysymyksessä saattaa olla vain temppujen opettajan mukavuus; se, että tämä voi tuntea oman olonsa mukavaksi. No, en tuntenut tuolloin oppimisterapian mahdollisuuksia vielä kovinkaan hyvin.

Kokemukseni työstä kehitysvammaisten parissa oli hyvin myönteinen. Asiakkaat olivat aitoja ja vilpittömiä. Heistä välitettiin ja heistä pidettiin huolta. Heillä oli selkeitä urapolkuja eli kyvykkyyden ja itsenäistymisen tasoja, joihin heitä valmennettiin. Heidän tuettu asuminen

oli esimerkillistä, ja se mahdollisti jokaiselle omien ky-
kyjensä mukaisen asumisen ja työssä selviytymisen.
Kunpa myös mielenterveyshuollossa, ja laajemminkin
nuorten kohdalla, olisi vastaavanlaisia järjestelyjä. Tun-
tuu, että ihmiset on jätetty oman onnensa nojaan, eikä
heistä välitetä. Tämä on eettisesti kauhistuttavaa ja ker-
too yhteiskunnallisten, myös päättäjien, arvojen kovuu-
desta.

Edellä kuvatussa hoitolaitoksessa myös henkilökuntaan
suhtautuminen oli aitoa ja ihmisistä välittävää, enkä ole
myöhemmissä työpaikoissani kokenut mitään vastaa-
vaa. Työpaikka olikin ihanteellinen uraansa aloittavalla
nuorelle psykologille.

Työ psykiatrisessa avohoidossa
(1973 – 1978)

T yöni aikuispsykiatrian parissa alkoi Seinäjoen mielenterveyskeskuksessa kesäkuussa 1973. Laitoksessa oli neljä mielenterveystoimistoa ja yksi lasten ja nuorten mielenterveysyksikkö. Kaikissa yksiköissä oli psykologi, sosiaalityöntekijä, erikoissairaanhoitaja ja lääkäreitä vaihtelevasti. Henkilökuntaan kuului myös toimistotyöntekijöitä.

Keskuksen epävirallisena vastuuhenkilönä toimi huoltolääkäri, psykiatri *Kalle Kestilä*. Virka, johon minut palkattiin, oli ennaltaehkäisevän mielenterveystyön psykologin virka. Tein kuitenkin aluksi muutaman vuoden tavallista vastaanottotyötä. Syynä tähän oli asiakkaiden suuri määrä kaikissa toimistoissa. Asiakaskäyntejä minulla oli aluksi 700 - 800 vuodessa, mikä oli aika paljon psykologin työtä ajatellen. Myöhemmin vähensin asiakaskäyntien määrää niin, että käyntien määräksi tuli 400 – 500 käyntiä vuodessa.

Työssäni jouduin vastaanottamaan kaikki minulle tulevat asiakkaat, en voinut valita heitä. Asiakasalueeseeni kuului ns. reunakuntia Etelä- ja Keski-Pohjanmaalta aina Virroilta Kannukseen ja Karijoelta Lehtimäelle. Mielenterveyskeskuksessa oli hyvin kokenut ja pätevä psykologikunta, jolla oli käytössään kaikki tarvittavat työvälineet psykologisten tutkimusten tekemiseen. Heiltä sain paljon opastusta ja neuvoja omassa työssäni.

Psyykkisen tilan ja työkyvyn arviointi

Vastaanottotyössä työhöni kuuluivat kaikki kliinisen psykologin työt. Näitä olivat asiakkaiden psyykkisen tilan ja työkyvyn arviointi testein ja haastatteluin sekä lausuntojen teko tutkimusten tuloksista lääkärille. Lausunnoissa esitin myös arvioni asiakkaan psyykkisestä tautiluokituksesta (diagnoosit) ja käsitykseni hänen mielenterveytensä tai työkykynsä kehityksestä.

Tutkimuksissa käytin mm. seuraavia testejä: WAIS, MMPI, Rorschach, Bender ja Benton. Tutkimusmenetelmiin kuului aina myös asiakkaan kliininen haastattelu. Kliinisen arviointityön ohella tehtäviini kuuluivat sekä yksilö- että ryhmäterapian antaminen. Terapiatyössäni minua auttoi aiemmin mainitsemani kirjani *Systems of Psychotherapy*.

Hoitotyö

Antamassani terapiassa tukeuduin pääasiassa Carl Rogersin asiakaskeskeiseen lähestymistapaan (*The Client Centered Psychotherapy of Carl Rogers*). Menetelmä on mainittu kirjassa *Systems of Psychotherapy*. Siinä hoidon tarpeita ja kulkua tarkastellaan asiakkaan näkökulmasta. Tämä lähestymistapa asiakkaiden ongelmiin oli mielestäni hedelmällinen. Terapiatyössäni huomasin, että tärkeintä hoitosuhteen onnistumisen kannalta on se, että asiakas voi luottaa terapeuttiinsa ja että hän voi tuntea olonsa turvalliseksi. Tähän pääsemistä helpottaa se, että asiakkaalla on tunne siitä, että hän voi vaikuttaa myös hoitotilanteeseen. Ja että hän voi kokea hoitosuhteessa inhimillisyyttä. Mieleeni tulee esimerkkinä kaksi tapausta, joissa olen erityisesti havainnut tämän.

Ensimmäinen terapiatapaus kohdalleni sattui, kun olin psykologiharjoittelussa. Vastaanotolleni tuli nuori työssä käyvä nainen, joka kärsi mm. ahdistuneisuudesta. Testasin hänet MMPI -persoonallisuustestillä ja sain tulokseksi, että koko hänen testiprofiilinsa oli koholla eli hän sai kaikilla asteikoilla korkeat mielenterveyden häiriöpisteet kuitenkin niin, että profiili oli pääosin sairauden rajoilla.

Keskustelin hänen kanssaan hänen ongelmistaan, ja lopuksi pyysin häntä käymään pitkälleen sohvalle. Asiakkaan luvalla pidin häntä kädestä ja pyysin rentoutumaan. - Samalla ovesta kurkkasi vanhempi naishenkilö, sosiaalityöntekijä, epäluuloisen näköisenä. Tiesin kyllä, että normit eivät suosittele koskemasta potilaaseen, mutta tein niin kuitenkin tutkimuksellisista syistä.

Kun tuo nuori nainen tuli uudelleen vastaanotolleni, tein hänelle jälleen saman testin. Tulokset olivat aivan ällistyttävät: kaikilla asteikoilla mitattuna hänen henkinen hyvinvointinsa oli palannut normaaliksi. Hoitosuhde päättyikin siihen. Eli kosketuksella voi olla hyvin terapeuttisia vaikutuksia, ehkä jopa enemmän kuin sanallisella viestinnällä.

Toinen mieleeni tuleva tapaus sattui, kun olin juuri tullut mielenterveystoimiston psykologin virkaani. Minulle ohjattiin pitkäaikainen asiakas, jolla oli vaikea diagnoosi *neurosis angoris* eli ahdistus- tai tuskaneuroosi. Hän oli kärsinyt voimakkaasta ahdistuksesta ja peloista jo vuosia ja oli siis kliinisen luokituksen mukaan kroonikko, eikä siten ensisijaisesti terapiapotilas. En olisi itse halunnut tällaista vaikeaa asiakasta juuri virkaan tulleena. Tuli vähän tunne, että ehkä hänet haluttiinkin ohjata minulle kokeilumielessä, kun olin mies ja uusi alalla.

Asiakas, tuo minua vanhempi mieshenkilö, oli hyvin varautunut vastaanotolla, huomasin sen heti. Hän kuitenkin kertoi vaivoistaan ja jopa lapsuuden kodistaan ja perhesuhteistaan. Hänen isäsuhteensa oli muistaakseni vaikea: isä oli ollut ankara. Asiakas harrasti kansanmusiikkia ja haitarin soittoa ja kertoi, ettei oikein voi sitäkään tehdä, kun on niin jännittynyt ja kaikki näkevät sen. Sanoi hänelle heti aluksi, että jännitystä ei kukaan huomaa, vaikka hänestä tuntuu siltä.

Asiakkaalla oli sellainen käsitys omista oireistaan, että ne johtuvat jonkinlaisesta aivokasvaimesta. Kerroin mielipiteenäni, että minusta ne eivät välttämättä johdu siitä, mutta että jos hän haluaa, se voidaan tutkia. Hän suostui siihen, ja niinpä otin yhteyttä asiassa Törnävän sairaalaan, missä hänelle tehtiin pään kuvaus. Tuloksissa ei ollut mitään aivokasvaimeen viittaavaa, ja kerroin siitä asiakkaalle. Tämän kuultuaan hän totesi masentuneena, että olisi ollut paljon parempi, jos

18

oireiden taustalla olisi aivokasvain sen sijaan, että ne ovat psyykkisiä.

Kuulin asiakkaasta seuraavan kerran, kun hän saapui vastaanotolleni pidemmän ajan päästä kuin tavallisesti. Hän kertoi olevansa vaikeuksissa, kun oli varastanut nukkeja paikallisesta tavaratalosta ja jäänyt siitä kiinni. Käsitin (tulkitsin) tilanteen näin: asiakas oli psyykkisesti taantunut lapsuuden kokemusten tasolle defenssien (henkisten puolustusmekanismien) murruttua, kun hän sai tietää totuuden ongelmistaan. Otin hänen luvallaan yhteyttä ko. tavarataloon ja kerroin, mistä oli kysymys. He lupasivat, etteivät vie asiaa eteenpäin. Kerroin tämän seuraavalla kerralla asiakkaalle, joka tämän kuultuaan huojentui silmin nähden.

Myöhemmin vastaanotollani hän sanoi minulle: "Kuule, Kyösti, minä pelkään sinua." Kommentti oli yllättävä ja vaati varmasti häneltä paljon rohkeutta saada sanotuksi se. Hän istui aina vastapäätä minua työpöytäni ääressä. Ajattelin, että ehkä läheisyys minuun ahdisti häntä. Asiakaslähtöisen terapiaotteeni mukaisesti kysyin häneltä, että missä hän haluaisi mieluiten istua ja kuinka kaukana minusta. Hän viittasi huoneen nurkkaan, missä oli terapiatuoli. Niin hän sitten istui aina ko. tuolissa minusta kauempana, ja tuntui, että vuorovaikutus parani huomattavasti hänen kanssaan. Taisin kyllä myöhemmin sitten siirtyä lähemmäksi häntä ja terapiatuolia hänen luvallaan.

Ennen terapian lopettamista sanoin hänelle mielipiteenäni, että hänen kannattaisi jatkaa esiintymistä kansamusiikin ja soiton parissa, koska se oli hänelle tärkeää. Ja kuten sanoin hänelle, ei hänen jännitystään kukaan näe ja että jännitys ei ole vaarallista; kaikki sitä tuntevat esiintymistilanteissa.

Tämän jälkeen en kuullut hänestä mitään. Kun hain häntä nimellä internetistä vuosikymmenten jälkeen, löysin tietoja, joiden mukaan hän oli esiintynyt yhdessä muiden soittajien kanssa ja levyttänytkin useita kappaleita. Hän oli siis pystynyt jatkamaan haluamallaan alalla ja varmasti nauttinut elämästään siinä suhteessa. Ehkä hän koki minut turvalliseksi isähahmoksi (positiivinen transferenssi) [1], joka ei rankaissut, vaan auttoi häntä, pelasti hänet pulasta, antoi vapautta tehdä valintoja ja rohkaisi häntä käyttämään kykyjään. Mene ja tiedä.

Kuten sanottu, terapiassa on tärkeintä luottamus asiakkaan ja terapeutin välillä. Silloin vuorovaikutus onnistuu, parantavat sanat lääkitsevät asiakasta ja paranemista tapahtuu.

Taloudelliset ongelmat olivat monen asiakkaan päällimmäinen huoli ja mielenterveyden uhka. Erästä sotaveteraania pystyin "hoitamaan", kun yhteistyössä sosiaaliviranomaisten kanssa järjestin hänelle koivuhalkoja talvella asunnon lämmittämiseksi.

Vastaanotolleni tuli myös muuan kasvihuoneyrittäjä, joka kärsi mielenterveysongelmista siksi, että hän ei pystynyt

---

[1] Positiivinen transferenssi. Asiakas on esimerkiksi lapsuudessaan kokenut isänsä ankaraksi ja pelännyt häntä. Terapiassa nuo muistot heräävät, mutta suhteessaan terapeuttiin (isän korvike) hän voi kokea vuorovaikutuksen toisenlaisena, parantavana ja vapauttavana.

enää entisellä tavalla lämmittämään kasvihuonettaan, koska lämmityskustannukset olivat kohonneet pakkasten vuoksi liikaa. Häntä en pystynyt auttamaan muutoin kuin kuuntelemalla ja keskustelemalla. Ratkaisu olisi ollut antaa hänelle tuhti setelinippu pöytälaatikostani, ja sitä ei minulla ollut.

Työuupumuksesta ja loppuun palamisesta kärsivät monet asiakkaat. Mieleen tulee erään pienehkön seurakunnan kirkkoherra, joka haki työkyvyttömyyseläkettä työuupumisen vuoksi. Hän kertoi, että on uupunut, kun hän joutuu hoitamaan kaikki asiat seurakunnassa: hengelliset, hallinnolliset ja toimistoasiat. Toimisto oli hänen kotinsa olohuoneessa.

Tapasin myös erään menestyneen muusikon, joka oli uupunut työssään ja haki siksi työkyvyttömyyseläkettä. Hän kertoi mm., että öisin soittaminen on raskasta ja jatkuva yövalvonta on vienyt häneltä työkyvyn.

Eräs pienen kyläkaupan kauppias kärsi työuupumuksesta, henkisestä loppuun palamisesta. Hän kertoi, että ei enää jaksa, koska kaupan ovet ovat yötä päivää auki asiakkaiden palvelemiseksi.

Vielä tulee mieleen eräs kaivinkoneyrittäjä ja -kuljettaja. Hän kävi vastaanotollani vain yhden kerran ja kertoi, kuinka häntä ammutaan pellolla, kun hän tekee työtään. Pyysin häntä kertomaan vähän tarkemmin asiasta. Hän kertoi, että hän kuuli, kuinka luodit vaan napsahtelivat aidanseipäissä.

Arvelin, että asiakas kärsi vainoharhaisesta sekavuustilasta (paranoidinen psykoosi). Ehdotin hänelle, että lääkitys voisi auttaa häntä, mutta hän ei siihen suostunut. Myöhemmin kuulin ikäväkseni, että hän oli tehnyt itsemurhan. Koin sen valitettavana inhimillisenä ja hoidollisena menetyksenä.

Edellä kuvatuista ongelmista kärsiviä on haasteellista auttaa, koska he eivät sairautensa vuoksi yleensä suostu käyttämään lääkkeitä eivätkä hakeudu tai suostu hoitoon. Sekavuustilassa heidän on vaikea luottaa myös terapeuttiinsa. Juuri tässä tapauksessa ensisijainen hoito asiakkaalle olisi ollut hänen vointiaan helpottava asianmukainen lääkitys ja mahdollisesti hoito sairaalaosastolla. Hoitoa olisi voitu tukea keskusteluterapialla.

Ennalta ehkäisevä mielenterveystyö

Vastaanottotyön lisäksi tein myös ennalta ehkäisevää mielenterveystyötä. Tähän kuului pääasiassa yhteistyöneuvotteluja kunnissa eri alueiden toimijoiden kanssa ja toiminnan suunnittelua yhteisten tavoitteiden saavuttamiseksi. Tätä työtä tein avohoidon ylihoitajan kanssa työjaksoni loppuvuosina. Kokemukseni tästä työstä olivat hyvin myönteisiä: yhteistyöhankkeita saatiin käyntiin ja ne koettiin hyödyllisiksi.

Omia kokeiluja ja näkemyksiä hoitotyöstä

Mielenterveystyössä tutkin myös vuorovaikutteisen transaktionanalyysin soveltamista yksilöterapiaan. Olen kuvannut tätä kirjassani *Ihmisen jälkiä* (ISBN-13: 9789528063612, E-kirja ISBN-13: 9789528040507), luvuissa *Itsehoitoa*, s. 75 ja *Lapsen tähden*, s. 123.

Tutkin erityisesti tunteiden ja niiden torjunnan suhdetta ja totesin, että torjumalla luontaiset tunteet ne vain vahvistuvat ja ongelmat kasvavat. Hyväksymällä ne saa vähitellen oman käyttäytymisen hallintaan. Mieleeni tuli jonkun viisaan sanonta: "Joka mielensä hallitsee, on suuren valtakunnan hallitsija." Kehittelin tästä myös yhteiskunnallisen hallintoteorian: Olemalla kansan (lapsi) puolella ja tukemalla sitä, pysyy "vallassa", vaikka asemaa horjutetaan. Kokeilin ja noudatin tätä periaatetta myöhemmin hallinnollisessa työssäni, missä se joutui todelliseen tulikokeeseen.

Työssäni tutustuin siis psykiatriseen sairausluokitukseen ja käytin sitä työssäni. Tuolloin, ja usein vieläkin, psykiatria oli kovin lääkäri- ja lääketieteellispainotteista. Myöhemmin elämässäni elämänkokemukseni myötä olen päätynyt siihen, että *psykiatriset diagnoosit vain kuvailevat asiakkaan tilaa, käyttäytymistä ja oireita (ns. kuvailevat diagnoosit)*. Kysymyksessä eivät yleensä ole elimelliset taudit tai sairaudet. Kärsimyksen eri muotoja voidaan kyllä havaita ja luokitella, ja ne voivat olla todella suuria. Tässä mielessä voidaan puhua sairauksista.

Hoitotyön tukena käytetään psyykenlääkkeitä, psykofarmakoita. Lääkkeet eivät kuitenkaan varsinaisesti hoida eivätkä paranna apua tarvitsevaa, mutta voivat vaikeissa tapauksissa tilapäisesti helpottaa asiakasta esimerkiksi terapian tukena ja auttaa häntä selviytymään paremmin arkipäivän askareissa.

Joihinkin lääkkeisiin voi kuitenkin tulla riippuvuus, kuten muihinkin kipulääkkeisiin. Kun niihin ollaan totuttu, niistä ei uskalleta tai voida helposti irtautua. Suomessa käytetään liikaa psyykenlääkkeitä. Tämä johtuu siitä, että ihmiset jätetään paljolti oman onnensa nojaan ilman parantavaa hoitoa siksi, että sitä ei ole saatavilla tai sitä ei osata antaa.

Psyykenlääkkeillä on todettu olevan paljon haitta- ja sivuvaikutuksia. Lääkkeillä on psyykkisisä toimintoja rajoittavia vaikutuksia, ja siksi ne voivat jopa estää ihmisen kuntoutumista. On varsin todennäköistä, että pitkään käytettyinä voimakkaat lääkkeet vaikuttavat pysyvästi aivojen biologiseen toimintaan ja rakenteeseen ja jopa tuhoavat niitä. Lääkkeet saattavat aiheuttaa dementian kaltaisia vaurioita aivoihin, joita on vaikea erottaa muista syistä johtuvasta dementiasta. Tätä olisi syytä tutkia tieteellisesti.

Mielenterveysongelmia synnyttävät usein ongelmalliset ihmissuhteet, sosiaalisen ympäristön puutteet ja yhteiskunnan toimintaan liittyviä syyt. Siksi ongelmista kärsivien hoitaminen näennäisesti pillereillä on ihmisarvon kannalta väärin ja eettisten periaatteiden vastaista.

Oireilevat ja hoitoon hakeutuvat

Yleensä hoitoon hakeutuvat tai joutuvat ihmiset ovat persoonallisuudeltaan herkkiä ja tuntevia ihmisiä. He kärsivät usein mm. ahdistuksesta, unettomuudesta, voimattomuudesta, erilaisista peloista ja masennuksesta. Vakavammissa tapauksissa ihmisellä voi olla suhteuttamisharhoja: suuruusharhoja, vainoharhaista ajattelua ja mustasukkaisuutta. Hänellä voi olla harhaisia käsityksiä oman kehon sairauksista: hän voi kuvitella, että hänellä on kaikki mahdolliset sairaudet. Tällöin puhutaan kehon luulosairaudesta, hypokondriasta. Asiakkailla voi myös olla aistiharhoja ja sekavuutta.

Tuntuu välillä, että tällaisesta, jopa yhteiskunnallisesta ongelmasta saattoi olla kyse, kun koronaepidemian aikana ja sen jälkeen ihmisillä oli kaikkia mahdollisia oireita, ja ne kaikki koettiin johtuvan koronaviruksen aiheuttamasta taudista.

Mielenterveysongelmien taustalla on usein pelko elämän hallinnan ja toimintakyvyn menetyksestä. Tämä johtuu *omien voimien pettämisestä* (uupumus), ja siihen liittyy tavallisesti *ahdistuneisuutta ja masentuneisuutta*. Usein nämä ilmenevät yhdessä, ja näitä on syytä selvitellä, kun hoidetaan asiakasta.

Ongelmien syyt voivat olla menneisyydessä, kuten lapsuuden ajan kokemuksissa ja ihmissuhteissa. Ongelmallinen suhde vanhempiin on voinut altistaa mielen haavoittuvuudelle (ks. em. kirjani). Nykyiseen elämäntilanteeseen voi liittyä pelottavia ihmissuhteita (väkivaltaa) ja tapahtumia tai sitä, että ihminen kokee, etteivät

25

hänen omat voimavaransa riitä elämässä tai työssä tai selviytymiseen (työuupumus, loppuun palaminen).

Toisia vahingoittavat

Myöhemmin olen tullut siihen johtopäätökseen, että ne ihmiset, jotka aiheuttavat kärsimyksiä toisille, hoitoon tuleville ihmisille, ovat persoonallisuudeltaan kovempia, jäykempiä ja kyvyttömämpiä tuntemaan sympatiaa (myötätuntoa ja sääliä) toista ihmistä ja hänen kärsimyksiään kohtaan. Siitä huolimatta, että heillä voi olla empatiaa eli he kykenevät kyllä samaistumaan toisen ihmisen asemaan ja jopa tietävät, miltä toisesta tuntuu. Olen kutsunut heitä nimellä "vahvat hullut" (Em. kirjani, luku *Mielenterveyden häiriöiden todelliset kasvot*, s. 18).

Olen myöhemmin työ- ja organisaatiopsykologina tutkinut ihmisen ja koneen välistä suhdetta, ja minusta tuntuu, että edellä mainituissa ihmisissä on jotain samaa kuin koneissa (Em. kirjani, luku *Ihmiset robottien puristuksessa*, s. 49). He eivät aina ole täysin tietoisia omasta tilastaan ja käyttäytymisensä vaikutuksista toisiin ihmisiin. Heitä on myös vaikea tunnistaa, sillä he osaavat käyttäytyä järjestäytyneesti, jopa sosiaalisesti muiden ihmisten parissa.

Esimerkiksi ne henkilöt, jotka kärsivät mustasukkaisesta vainoharhasta (paranoia) voivat kokea, että ongelmien syy on toisessa ihmisessä ja että siksi heillä on oikeus käyttäytyä niin kuin tekevät. Näin voi olla asian-laita myös tietyissä persoonallisuuden häiriöissä, kuten psykopatiassa ja narsismissa.

On myös niitä ihmisiä, kovanaamoja, jotka kyllä tietävät tasan tarkkaan omien tekojensa seuraukset, mutta eivät välitä siitä. He ovat ehkä kaikkein lähimpänä koneih-mistä, biologista robottia, joka on tietoinen käyttäytymi-sestään ja osaa ajatella, toisin kuin mekaaniset robotit. Nämä ihmiset vaurioittavat vakavastikin niitä ihmisiä, jotka joutuvat heidän kanssaan tekemisiin. Väkivallan kohteena olevat ihmiset voivat olla jopa hengenvaa-rassa. Vaikutukset ovat erityisen tuhoisia, jos toisia va-hingoittavat henkilöt ovat yhteisössä tai perheessä joh-tavassa tai vanhemman asemassa.

Joukkohullut

Kaikkein vaarallisin tilanne ihmisten ja yhteiskunnan kannalta syntyy, jos edellä mainittu vahva hullu on sen verran sosiaalinen, että pystyy kokoamaan ihmisiä ja joukkoja epäinhimillisten ajatustensa tukijoiksi. Syntyy tilanne, jota voidaan kutsua joukkohulluudeksi ja liik-keessä mukana olevia joukkohulluiksi. Heidän oma ajattelunsa ja havaintokykynsä on kaventunut: he liik-kuvat joukon johtajan mielen mukaan. Tällainen liike oli mm. natsismi toisen maailmansodan aikana.

Hiljattain koronaviruksen aiheuttamassa kohussa oli jo-tain edellä kuvatun kaltaista. Sosiaalinen liikehdintä

27

koronataudin ehkäisemiseksi oli lähes psykoottista, ja ihmisten kohtelussa oli melkein vainoharhaisia piirteitä. Eri maissa julistettiin poikkeus- ja sotatiloja, joiden nojalla ihmisiltä vietiin normaalit ihmisoikeudet. Euroopan unionin komission puheenjohtaja esitti mm., että vanhukset pitäisi eristää puoleksi vuodeksi muusta väestöstä. Tämä oli vastoin hänen ja EU:n toimivaltaa, sillä eri maiden sosiaali- ja terveysasiat eivät kuulu suoraan Unionin toimivaltaan.

Lähinnä oikeistolaisessa Aamulehdessä levitettiin paniikkia kertomalla, että koronaviruksen aiheuttama tauti on verrattavissa ebolaviruksen aikaansaamaan. Tuo tauti tappaa vähintään 80 % (neljä viidestä) tartunnan saaneista. Tätä ei pidetty valheena tai harhaan johtamisena (disinformaationa), vaikka muutoin vahdittiin tarkasti, mitä kansalaiset asiasta kirjoittivat ja puhuivat. "Disinformaatiota" ei saanut levittää eli olla eri mieltä virallisen linjan kanssa.

Yhteiskunnan johdon esittämä valetieto (disinformaatio) hyödytti yrityksiä, joita silloin tarvittiin, kuten rokotetehtaita, samoin kuin pörssikeinottelijoita ja sotilasorganisaatioita. Kaikki muut kärsivät tilanteesta: lapset, vanhukset työikäiset, yritykset ja erityisesti vähävaraiset.

Vähän ennen koronarokotusten aloittamista tiedotettiin julkisesti luotettavista lähteistä (THL?), että rekisteröityjä koronavirustartuntoja oli n. 100 000. Näistä n. 1000 voitiin liittää koronan yhteydessä tapahtuneisiin kuolemiin eli siis noin 1 % tartunnan saaneista. Kuolemista vain osa johtui itse koronaviruksesta, sanotaan nyt vaikka puolet. *Näin varsinaisia koronan aiheuttamia kuolemia olisi ollut ehkä n. 0,5 % rekisteröidyistä tartunnan saaneista.* Hekin olivat pääasiallisesti vanhoja ihmisiä (80 v tai yli), joista monet elivät korkean ikänsä vuoksi elämänsä viimeisiä päiviä ja joille kaikki tartunnat nuhasta alkaen olivat kohtalokkaista. Toisaalta uutisoitiin, että eräs 115 - vuotiaskin parani koronataudistaan.

Jos ajatellaan, että tartuntojen kokonaismäärä (mukaan lukien rekisteröimättömät oireettomat ja lieväoireiset) oli kymmenkertainen verrattuna rekisteröityihin tartuntoihin, saadaan koronakuolemien osuudeksi 0,5 % / 10 = 0,05 % kaikista tartunnan saaneista, eli eipä juuri mitään. Paljon porua tyhjästä? On tietenkin selvää, että kuolleisuus oli suurta sellaisten yhteisöjen keskuudessa, jotka elivät eristyksissä esimerkiksi Amazonin sademetsissä ja joilla ei ollut mitään vastustuskykyä mitään tautia vastaan.

Koronaepidemian torjuntatoimet, ihmisten eristäminen vuosikausiksi, aiheuttivat suurta hämminkiä ja pahoinvointia, joka jatkuu edelleen: yhteiskunta on sekaisin. Kukahan tästäkin ottaa vastuun?

Asiakastyön rasittavuus

Työni asiakkaiden parissa oli henkisesti hyvin kuluttavaa. Muistan, kuinka työpäivän jälkeenkin päivän asiakastapaamiset pyrkivät tulemaan mieleen. Työn kuluttavuutta ja rasittavuutta kuvannee se, että ollessani mielenterveyskeskuksessa yksi sosiaalityöntekijä sairastui psyykkisesti ja yksi psykiatri teki itsemurhan.

Koulukunnat

Näin jälkeen päin olen pohtinut sitä, että myös kouluttautumien tietyn suunnan terapeutiksi voi olla haitta siinä mielessä, että se kaventaa hoitajaksi ryhtyvän näkökulmaa ja jopa estää asiakkaiden hoidon onnistumista. Tämän psykoterapeutit ilmeisesti ymmärtävätkin, sillä yksityisellä puolella he valitsevat tarkkaan henkilön, jonka ottavat hoitoonsa.

Pahimmassa tapauksessa koulukuntaisuus ilmenee sillä tavalla, että toisen koulukunnan terapeutit vainoavat toiseen koulukuntaan kuuluvia terapeutteja. Tällaistakin olen kuullut sattuneen eräässä suuressa suomalaisessa kaupungissa ollessani työsuojeluhallinnon palveluksessa. Silloin voi jo kysyä, ovatko nämä terapeutit riittävän hyvällä tasolla voidakseen antaa terapiaa asiakkaille. Ja onko koulukunnan opeissa kysymys enemmänkin uskonnollisesta lahkolaisuudesta.

Työsuojeluhallinnon aika (1978 – 2010)

Mielenterveyskeskuksen työni jälkeen tulin valituksi työsuojeluhallituksen ylimääräisen psykologin virkaan Tampereelle syksyllä 1978. Tehtäväni oli sijoitettu teknillisen osaston työhygienian toimistoon. Työsuojeluhallitus oli valtion hallinnollinen keskusvirasto, joka johti työsuojelutyötä Suomessa. Sen alaisuudessa toimivat työsuojelupiirit lääninjaon mukaisesti sekä erilliset metsä- ja maatalouspiirit, joita oli vähemmän. Lisäksi oli kunnallisia työsuojelutarkastajia, joiden hallinnollinen esimies oli kunnan eläinlääkäri. Myöhemmin kunnan työsuojelutarkastajat yhdistyivät valtion työsuojeluhallintoon ja sen alaisiksi.

Työsuojeluhallitus oli sosiaali- ja terveysministeriön alainen hallinnollinen valtion virasto. Se oli tuolloin ainoa hajasijoitettu valtion keskushallinnon yksikkö. Virasto perustettiin 1973 ja se lakkautettiin Esko Ahon hallituksen toimesta 1993 yhdessä monien muiden valtion keskusvirastojen kanssa, joiden tehtävänä oli parantaa ihmisten terveyttä ja hyvinvointia. Näitä olivat mm. sosiaalihallitus ja lääkintöhallitus. - Metsähallitusta sen sijaan ei lakkautettu, ja se toimii vielä tänäkin päivänä.

31

Viraston lakkauttamista perusteltiin valtion rahakriisillä, mutta taustalla oli varmasti myös muita yhteiskunnallisia ja poliittisia syitä. Esimerkiksi työnantajat eivät pitäneet koko laitoksesta ja näkivät varmasti sen lakkauttamisen olevan perusteltua. Muutoksessa osasto siirtyi työsuojeluosastoksi työministeriöön ja toimi siellä muutaman vuoden, kunnes se taas siirrettiin sosiaali- ja terveysministeriöön 1997. Ministeriöiden vaihdokset johtuivat kulloinkin vallitsevasta poliittisesta tilanteesta: oli kysymys poliittisesta valtapelistä.

Organisaatiouudistuksen myötä myös työsuojeluosaston työn luonne muuttui. Osasto ohjasi nyt työsuojelupiirejä vuosittaisten tulostavoiteneuvottelujen kautta, joita käytiin työsuojelupiirien kanssa. Sillä ei kuitenkaan ollut suoraa hallinnollista valtaa piireihin. Nämä saivat näin enemmän toimivaltaa työhönsä ja sen toteuttamiseen. Ne pitivät uudesta vapaudestaan, mutta tämä johti ajan mittaan siihen, että tarkastuskäytännöt erosivat toisistaan melko paljon eri piireissä ja maan eri osissa. Seurauksena oli maan eri alueiden ja työpaikkojen eriarvoistuminen työsuojelutoiminnoissa, ja siksi alettiin jälleen pohtia keskitetyn johtamisen etuja. Asiasta on tehty myöhemmin tutkimus, missä eri käytäntöjen katsottiin kohtelevan työnantajia eriarvoisesti. [1] - Eriarvoinen kohtelu on koskenut myös työntekijöitä (kirj. huom.).

[1] Kohti yhtenäistä työsuojeluvalvontaa: Työsuojeluvalvonnan toimeenpano ja menettelytavat Suomessa (Aki Lappeteläinen, 2020)

Työsuojeluhallituksessa (1978-1993)

Siirtyessäni työsuojeluhallituksen palvelukseen hallinnon ainoana psykologina huomasin pian, että sekä työ että organisaatio olivat aivan erilaiset aikaisempaan työhöni verrattuna. Uudessa työssäni koin joutuneeni voimakkaiden yhteiskunnallisten voimien keskelle. Taustalla vaikuttivat sekä poliittiset voimat ja intressit että ammattijärjestöjen voimapolitiikka. Olettamus näytti olevan, että myös ylimääräinen psykologi kuuluisi johonkin noista poliittisista taustaryhmistä ja noudattaisi sieltä tulevia ohjeita. En lähtenyt tekemään työtäni tällä asenteella.

Tavoitteenani oli toimia aidon puolueettomasti ilman jäsenkirjoja asiantuntemustani hyödyntäen. Virkavalakin edellytti toimimista työssä puolueettomasti. Olin kuitenkin aina työssä käyvän ihmisen puolella. Mielessäni oli aiemmin kuvailemani hyvä hallinnollinen työote: kun toimin yhteiskunnallisen 'lapsen', kansan hyväksi ja olen sille uskollinen, pysyn työssäni eri toiveista ja jopa painostuksesta huolimatta. Sanoinkin joskus lähiesimiehelleni, että minulla on mielenkiintoinen hallinnollinen kokeilu meneillään: pysyn virassani niin kauan kuin tahdon. Lähtökohtani oli myös, että teen työtäni kaikkien kanssa, jotka haluavat tehdä työtä minun kanssani.

Psykologin työhön kohdistui tuolloin valtavia odotuksia. Tuntui, että psykologilta odotettiin lähes pelastajan roolia: olisi pitänyt tehdä pian jotain työelämän pahoinvoinnin ja ongelmien ratkaisemiseksi. Mutta ennen kuin pääsin edes kunnolla aloittamaan työtäni, kohtasin organisaation toiminnallista kitkaa. Tapahtunutta voisi kuvailla myös eräänlaiseksi hallinnolliseksi hevosen leikiksi, potkimiseksi. Se vei aluksi voimavarojani, ja tuo mainitsemani hallinnollinen kokeiluni joutui todelliseen testiin. Kuvailen tätä tarkemmin hiukan myöhemmin.

Ilmapiiri työsuojeluhallituksessa oli melko ahdistunut 1980-luvulla. Tämä johtui ilmeisesti voimakkaista yhteiskunnallisista paineista, jotka kohdistuivat organisaatioon ja sen työhön. Joidenkin tahojen (ehkä työnantajien) vihaa työsuojelua kohtaan osoitti sekin, että työsuojeluhallituksen ikkunoita kivitettiin rikki, vaikka virasto sijaitsi keskellä kaupunkia Suomen pankin entisissä tiloissa.

Henkilöstön keskinäisissä suhteissa paineet ilmenivät mielestäni niin, että vallalla olevan poliittisen ryhmän jäsenet suhtautuivat vähemmistöön kuuluviin väheksyvästi. Itsekin jouduin kovien, ilmeisesti hyvää tarkoittavien, ryhmäpaineiden kohteeksi luultavasti sen vuoksi, että en kuulunut mihinkään poliittiseen ryhmään. Kohtaamani toimintatavat olivat niin kovat, että minulta meni usko ryhmätyöhön ja sen mahdollisuuksiin. Kunnes kerran ollessani Oulussa työmatkalla istuin iltaa

34

muutaman oululaisen kollegan (mm. Harri Hyypän) kanssa.

Tuo ryhmäkeskustelu oli niin miellyttävää ja hyvältä tuntuvaa, että uskoni ja luottamukseni ryhmäntyön mahdollisuuksiin palasi. Tuossa palaverissa tunnelma oli "ilmava": kaikki kuuntelivat, mitä itse kullakin oli sanottavaa ja antoivat hänen puhua häiritsemättä. Ja keskusteluun osallistujat arvostivat toistensa mielipiteitä.

Aivan työsuojeluhallituksen loppuaikana 1990-luvun alkuvuosina virastoon palkattiin toinenkin psykologi, *Olavi Parvikko*. Se tuntui hyvältä, sillä hänen työnsä helpotti omaa työtaakkaani. Organisaatiouudistuksen myötä jouduimme tai hakeuduimme eri työryhmiin ja toimenkuvamme erosivat jossain määrin tosistaan.

Työterveyshuollon neuvottelukunta

Työterveyshuoltolaki oli juuri tullut voimaan, ja sosiaali- ja terveysministeriö oli perustanut marraskuussa 1978 työterveyshuollon neuvottelukunnan kehittämään työterveyshuollon käytäntöjä. Neuvottelukunta koostui mm. työmarkkinaosapuolten ja Työterveyslaitoksen edustajista. Puheenjohtajana toimi sosiaali- ja terveysministeriön apulaisosastopäällikkö, ja siihen oli nimitetty neljä sihteeriä, joista olin yksi. Puheenjohtaja ja esittelijänä toimiva virkamies toimivat neuvottelukunnan varsinaisena työparina. He lukeutuivat tiettävästi eri poliittisiin ryhmiin, ja heillä kummallakin oli tietääkseni juristin (lakimiehen) koulutus.

Jouduin melko pian toimimaan kokouksen varsinaisena sihteerinä. Tein kokouksesta pöytäkirjan ja lähetin sen tarkistettavaksi puheenjohtajalle.

Kohta vakituinen sihteeri soitti minulle ja sanoi, ettei minun tarvitse huolehtia asiasta. Hämmästykseni oli suuri, kun sain postissa valmiiksi tehdyn pöytäkirjan, joka oli jo jaettukin osanottajille. Sen kirjaukset erosivat melko paljon eräässä merkittävässä kohdassa minun tekemästäni, ja kaiken lisäksi siihen oli allekirjoitettu nimenikin jo valmiiksi. Allekirjoitus ei näyttänyt lainkaan omaltani, vaikka nimeni olikin siinä.

Aloin pohtia, että mitä tässä oikein pitäisi tehdä, harmittikin. Sitten ajattelin, että mikäs minä olen juristeja paimentamaan, heillä on omat paimenensa. Niinpä tein tapahtumien kulusta varmuuden vuoksi raportin ja lähetin sen oikeuskanslerille tiedoksi. Koetin vielä varmistaa pöytäkirjan sisällön oikeudellisuuden ja kysyin "varmuuden vuoksi" kokouksessa mukana olleelta neuvottelukunnan jäseneltä erikseen, vastasiko pöytäkirja kokouksen kulkua. Kaikki he vastasivat myöntävästi. Silloin ajattelin, että jos nuo toisilleen vastakkaiset tahot ovat asiasta samaa mieltä, niin pitäkööt pöytäkirjansa sellaisena kuin se heille esitettiin.

Kysyin asiasta työsuojeluhallituksen oikeudellisen toimiston päällikön mielipidettä. Hän sanoi minulle, että hän kyllä tietäisi, mitä pitäisi tehdä, jos hän olisi asianajajani. No, en halunnut ryhtyä tähän ja lähetin vain lisätietoja oikeuskanslerille, jossa kerroin jatkotoimistani. Totesin, että ehkä olin erehtynyt kirjauksissani ja että minulla ei ollut mitään vaatimuksia asiassa.

Tämän jälkeen pyysin työsuojeluhallituksen hallinnollisen osaston päällikköä järjestämään minulle eron neuvottelukunnan jäsenyydestä, mikä sitten tapahtuikin. Viimeisen kokouksen yhteydessä tapasin myös neuvottelukunnan puheenjohtajan, joka sanoi, että joskus sitä hallintoon pitää tulla, vaikka raamit kaulassa.

Seurauksena oli, että asianomaiset, puheenjohtaja ja sihteeri, kävivät tiettävästi oikeuskanslerin puhuttelussa. Tämä totesi päätöksessään, että mainitulla tavalla toimiminen on kiellettyä ja antoi heille varoituksen vastaisen varalle. Hän ei katsonut aiheelliseksi ryhtyä muihin toimenpiteisiin, koska ei ollut näytetty toteen, että olisi tapahtunut asiavirheitä ja koska minulla ei ollut vaatimuksia asiassa. Sihteeri siirtyi sittemmin valtakunnan sovittelijan toimiston sihteeriksi. Tapasin hänet toimistossa myöhemmin hyvissä ja ystävällisissä tunnelmissa.

Asia hoidettiin julkisuudelta piilossa, mutta kulissien takana puhkesi melkoinen poliittinen myrsky. Virastoni ylilääkäri, joka edusti ilmeisesti samaa puoluetta ja puolueen laitaa kuin neuvottelukunnan vakituinen sihteeri, ihmetteli sitä, että olen vielä työpaikassani. Hän puhui aisan yli potkimisesta. Hän siirtyi sitten Kansaneläkelaitokseen (Kela) kuntoutuspäälliköksi. Myöhemmin teimme hyvää yhteistyötä hänen kanssaan. Hahmottelimme työterveyspsykologin työnkuvaa Kela: n korvausperiaatteita varten hänen ja muutaman ensimmäisen työterveyspsykologin kanssa.

Kun poliittinen myrsky oli pahimmillaan, sain yllättävää tukea. Yhtenä päivänä työhuoneeseeni tuli eräs entinen asiakkaani, nuori nainen, joka sanoi, että *me* ainakin ollaan sinun puolellasi. Ilahduin tästä ja kiittelin häntä. Arvasin, että kohina oli kantautunut hänen ja hänen ystäviensä korviinkin maaseudulle, missä hän asui.

Toinen tapaus sattui ollessani valtion hallinnon johdantokurssilla. Odottelin päivän päätteeksi pysäkillä raitiovaunua, kun minulle tuntematon mieshenkilö sanoi minulle, että työsuhde on turvattu. Sekin tuntui hyvältä siinä tilanteessa; tunsin, että minulla on tukea.

Vähitellen poliittinen kohina laantui, elämä palasi normaaleille raiteilleen ja pääsin aloittamaan varsinaisen työni työsuojeluhallituksessa. Tuossa kahakassa minua auttoi vahva työ- ja elämänkokemukseni ja psykologin ammatti-identiteetti. Olin siitä silloin kiitollinen.

Olen jälkeenpäin pohdiskellut tapaukseen vaikuttaneita syitä, joita voi olla monia. Yksi saattoi olla, että haluttiin katsoa, miten uusi työntekijä reagoi tällaisessa tilanteessa, onko hän sopiva hallintoon. Kuulin nimittäin, että tällaista oli sattunut muillekin jo ennen minua. Mielestäni tämä kertoi mitä ilmeisemmin tietynlaisesta hallinnon tapakulttuurin rapautumisesta ja mädännäisyydestä. Poliittisten intohimojen vuoksi ei enää välitetty (edes juristit) laillisuusperiaatteista; toimittiin, miten haluttiin. Tällainen toimintatapa oli myös osoitus rakenteellisesta väkivallasta ja ylimielisyydestä, joka oli vahingoksi paitsi asioiden hoidolle myös hallinnossa toimijoille. Voi myös olla, että näin haluttiin näyttää "aisan yli potkijalle" hänen todellinen paikkansa.

ASA-rekisteri

Edellä kuvatun jälkeen toimin myös ASA-rekisterin ohjausryhmän sihteerinä työsuojeluhallituksessa. Ryhmän puheenjohtajana toimi työsuojeluhallituksen teknillisen osaston osastopäällikkö ja jäseninä siinä oli mm. työmarkkinajärjestöjen ja Työterveyslaitoksen edustajia. Ohjausryhmän tehtävänä oli hallinnoida työssään syöpävaarallisille aineille altistuneiden työntekijöiden rekisteriä (ASA-rekisteri). Näistä työntekijöistä pidettiin rekisteriä mahdollisia ammattitauteja silmällä pitäen.

Tiedon yleinen jakaminen

Melko pian työhön tuloni jälkeen minulta toivottiin esitettä työelämän mielenterveyskysymyksistä, sillä jo tuolloin suuri osa, lähes kolmasosa työvoimasta

39

kamppaili työuupumusongelmien kanssa, ja sairauseläkkeistä n. kolmasosa johtui mielenterveyssyistä.

Niinpä kokosin kaiken tietämykseni asiasta ja laadin tekstin esitteeseen *Työelämä ja mielenterveys*, alkuperäinen versio 1980 (liite, linkki). - Myöhemmillä painoksilla (mm. 1986) oli oma ISBN - tunnus (951-859-881-9). Esite käännettiin ruotsiksi nimellä *Arbetslivet och psykisk hälsa* (liite, linkki).

Esitteen valmistelussa teksti kävi kommentoitavana työsuojeluhallinnon eri yksiköissä ja hallinnon ulkopuolella, ja siihen laadittiin kuvitus. Vastasin kuitenkin itse tekstistä. Julkaisusta otettiin tiettävästi satojen tuhansien kappaleiden painoksia vuosien varrella, ja sitä jaettiin ilmaiseksi työpaikoille sekä suomen- että ruotsinkielisenä. Aiheesta keskusteltiin tuolloin paljon työpaikoilla ja sain lukuisia luentopyyntöjä sekä koulutustilaisuuksiin että työpaikoille.

Esite herätti myös epäluuloja lähinnä työnantajien keskuudessa. Kun julkaisu valmistui, kutsui eräs työnantajapuolen edustaja minut lounaalle. Keskustelu sujui leppoisissa merkeissä, mutta pian kutsuja otti esille laatimani esitteen. Kun katsoin sitä, melkein sen jokainen lause oli alleviivattu punakynällä, ja hän kyseli, onko tämä "idän vaikutusta". Sanoin, ettei ole ja että olen sen laatinut asiantuntemukseni perusteella. Vastailin parhaan kykyni mukaan hänen esittämiinsä kysymyksiin ja kerroin, että esite on käynyt valmistelussa nähtävänä myös STK:n (Suomen Työnantajain Keskusliitto) asiantuntijalääkärillä; hänellä ollut asiasta huomautettavaa. - Kutsuja kertoi tuntevansa taustaryhmänsä ja totesi, että ne ovat raadollista porukkaa.

Keskustelu osoitti mielestäni sen, että maassamme vallitsi tuolloinkin syvä vastakkainasettelu eri poliittisten ryhmien välillä. Mahtoiko tämä olla seurausta siitä, että rintamamiesyhteydet olivat tuolloin jo heikenneet, ja kasalaissodan muistikuvat palanneet taas mieleen. Mieleen hiipi jopa ajatus siitä, että katsoivatko jotkut työantajapuolella, että heillä on rajaton nautintaoikeus käyttää hyväkseen työvoimaa mielin määrin.

Osallistuin myös eräiden muiden aihetta käsittelevien yleisten julkaisujen valmisteluun, esim. *Yksintyöskentely* -esite (ISBN 952-00-0582-X) - ruotsinkielinen versio *Ensamarbete* - sekä turvallisuustiedote *Tietotekniikka toimistotyössä* (ISBN 951-861-542-X). Kirjoitin myös artikkeleita mm. paikalliseen sanomalehteen ja alan julkaisuihin. Tein pyynnöstä ainakin yhden kirja-arvostelun (Työväensuojelusta työsuojeluun, Eklund & Suikkanen).

Yhteistyö työsuojelutarkastajien kanssa

Vaikka paineet ja odotukset tehdä jotain työelämän mielenterveyskysymysten eteen olivat suuret, työsuojeluhallinnon voimavarat siihen olivat melko rajalliset. Työsuojelutarkastajat olivat usein teknisesti tai ay-

41

poliittisesti koulutettuja. Heille käytännön läheiset asiat, kuten fyysiset työolosuhteet ja työsuhdeasiat olivat ennestään tuttuja. Toki näilläkin asioilla on suuri merkitys ihmisten psyykkiseen hyvinvointiin työssä.

Itse tarjosin asiantuntemustani mielenterveysasioissa tarkastajien käyttöön sellaisissa tapauksissa, joissa heiltä loppuvat keinot. Painotin tätä tarkastajille järjestetyssä koulutuksessa. Käytännössä arvioin tarkastajien apuna työhön liittyvien tekijöiden ja olosuhteiden psyykkistä kuormittavuutta työntekijöiden terveyden kannalta. Joitakin näistä arvioinneistani kirjattiin myös tarkastuspöytäkirjoihin.

Työsuojelutarkastajat saivat laatimani ja yleisessä jakelussa olleen *Työelämä ja mielenterveys -esitteen*. Laadin myös muistion *Psyykkiset tekijät työssä*. Siihen liittyen annettiin (1.11.1989) kiertokirje: *Henkinen työsuojelu työsuojelun valvontatoiminnassa (nro 2/89, D 1086/68/89)*, jota jaettiin myös sidosryhmille. Allekirjoittajina olivat työsuojeluhallituksen pääjohtaja *Jaakko Riikonen* ja esittelijänä osastopäällikkö *Raimo Peltonen*. Kiertokirjeen yhteydessä annettiin sisäinen tiedote työsuojelupiireille (14.12.1989): *Psyykkiset tekijät työssä – Eräitä haittojen tunnistamista, ehkäisyä ja korjaamista koskevia näkökohtia (nro 16/89, D 1086/68/89)*. Allekirjoittajina toimistopäällikkö *Heikki Loppi* ja esittelijänä psykologi *Kyösti Waris*. Julkaisut löytyvät osoitteella: *https://archive.org* hakusanalla *Työsuojeluhallitus*.

Koulutuksen lisäksi pidin yhteyttä työsuojelupiireihin ja tarkastajiin tapaamalla henkilökuntaa melko säännöllisesti. Osallistuin heidän kanssaan työpaikkojen työolojen tutkimus- ja kehittämishankkeisiin mm. Suomussalmella, Kuopiossa ja Rääkkylässä. Vuosien varrella minulle ehti tulla työsuojelupiireissä useita hyviä ystäviä, joilla oli eri puoluetaustat. Joku tarkastaja sanoikin kerran minulle, että sinulla sitä on leveät hartiat.

Oulun työsuojelupiirin työhön kuului 1980-luvun alussa yhteistyö venäläisviranomaisten kanssa Kostamuksen suomalaisten työntekijöiden työolojen kehittämiseksi. Kostamusta rakennettiin tuolloin, ja siellä oli paljon suomalaisia työntekijöitä. Vierailin kaupungissa työni merkeissä kaksi kertaa. Ensimmäisellä kerralla Oulun työsuojelupiirin piiripäällikön kanssa, ja toisella kerralla kävin yksin luennoimassa työmaan suomalaisille työntekijöille. Minulla oli venäläisten myöntämä vuoden pituinen kulkulupa.

Käydessäni ensimmäisen kerran Kostamuksessa kaupungin venäläinen pääinsinööri kutsui meidät kotiinsa. Hänen vaimonsa tarjoili pelmenejä, ja keskustelimme alan kysymyksistä. Isäntä piti pienen puheen, missä hän ehdotti maljoja ystävyyden, rauhan ja sen puolesta, ettei lastemme tarvitsisi enää koskaan nähdä sotaa. - Ehdotuksen jälkeen tuli hiljaisuus. Me suomalaiset katselimme toisiamme, kunnes piiripäällikkö nyökkäsi minulle merkiksi, että sano sinä jotain. Istuin siinä lähimpänä isäntää. Totesin vastauspuheenvuononani vain, että siihen me varmasti kaikki voimme yhtyä, ja joimme ehdotetut maljat. Tämän muistin, kun pidin maljapuheen tutkijoiden tapaamisessa myöhemmin Moskovassa 1986.

Toimin työryhmän vetäjänä Pohjoismaiden työsuojeluhallinnon neuvottelupäivillä 1980-luvun lopussa Islannin Reykjavíkissa. Työryhmä käsitteli työelämän psyykkisen hyvinvoinnin kysymyksiä ja ryhmään osallistui mm. työsuojelutarkastajia eri Pohjoismaista.

Tutkimustoiminta

Työ hallinnollisessa keskusvirastossa ei varsinaisesti ollut tutkimustyötä. Koin kuitenkin tarpeelliseksi alkaa kehittää itseäni 1980-luvun loppupuolella, kun työ hallinnossa alkoi hiljentyä. Niinpä aloitin työni ohessa työhöni liittyvän tutkimusprojektin aiheena: *Henkinen hyvinvointi työssä.* Työnantaja suhtautui hakkeeseen myönteisesti ja avusti hanketta. Myös työsuojelupiirit suhtautuivat siihen myönteisesti ja auttoivat aineiston keruussa. Toteutin hanketta koko 1990-luvun ja väittelin aiheesta Turun yliopistossa syyskuussa 1999.

Sidosryhmäyhteistyö

Keskeisten työmarkkinajärjestöjen työsuojelun edustajat olivat eräs ryhmä, jonka kanssa tein yhteistyötä. Kutsuin näitä keskusjärjestöjen henkilöitä koolle pohtimaan, miten työelämän psyykkisiä rasitustekijöitä voitaisiin vähentää. Tämä saattoi johtaa siihen, että lähinnä työntekijäpuolen järjestöt esittivät työsuojeluhallitukselle, että se ottaisi yhdeksi työsuojeluhallinnon painopistealueeksi työelämän psyykkisten rasitustekijöiden vähentämisen. Näin sitten tapahtuikin 1980- luvun loppupuolella.

Tapailin sekä työmarkkinoiden keskusjärjestöjen että yksittäisten liittojen edustajia tarpeen mukaan mm. yhteisten projektien merkeissä. Kävin myös kirkkohallituksessa puhumassa asiasta. –Työturvallisuuskeskus ja Työterveyslaitos olivat minulle tärkeitä yhteistyö- ja koulutusorganisaatioita.

Loin vähitellen itselleni työelämän tutkijoiden yhteyshenkilöverkoston. Siihen kuului edustajia maan eri yliopistoista, Työterveyslaitoksesta ja Kansaneläkelaitoksesta (Kela). Tapailin heitä henkilökohtaisesti melko säännöllisesti ja välitin heille informaatiota hallinnon toimenpiteistä ja tarpeista. Näin sain melko hyvän kuvan siitä, mitä alan tutkimuksessa tapahtuu.

Osallistuin myös joihinkin alan tutkimusta käsitteleviin tapahtumiin. Eräs näistä oli matka tutkijatapaamiseen Moskovassa loppuvuonna 1986. Kohteena oli Venäjän tiedeakatemian psykologian instituutti ja sen psykologinen tutkimus. Itseni lisäksi Suomesta tilaisuuteen osallistui kymmenkunta tutkijaa. He olivat mm.

Työterveyslaitoksesta sekä Tampereen ja Oulun yliopistoista. Taisipa joku olla Teknillisestä korkeakoulustakin Otaniemestä. Yhteisessä seminaarissa tutkijat esittelivät alan tutkimusta kummassakin maassa.

Ohjelmaan kuului myös illanvietto Aleksandr Puškinille omistetussa talossa. Kokouskielenä oli englanti. Iltatilaisuudessa osanottajat esittivät puheenvuoroja, ja tauolla isäntien edustaja kysyi minulta, että eikö "politrukkikin" pitäisi jonkun puheenvuoron. En kokenut itseäni politrukiksi, mutta vastasin, että katsotaan.

Kokouksen jatkuessa esitin puheenvuoron, missä totesin mm., että minulla on ollut mielenkiintoista tutustua neuvostopsykologiaan, alan tutkijoihin ja kansalaisiin yleensäkin. Kerroin, että olin Moskovassa tavannut naisen, jolla oli pieni valkoinen koira. Ehdotin, että juomme maljat kaikille niille naisille, joilla on pieni valkoinen koira ja myös niille, joilla ei sellaista ole. Ehdotin myös maljoja rauhan ja ystävyyden sekä sen puolesta, että lastemme ei koskaan enää tarvitsisi nähdä sotaa. Tähän yhdyimme ja joimme ehdottamani maljat. Mielessäni oli Kostamuksen venäläisen pääinsinöörin esittämä, samansisältöinen puheenvuoro, johon olin vastannut käynnilläni Kostamuksessa Oulun työsuolelupiirin piiripäällikön kanssa 1980-luvun alussa.

Työterveyspsykologeja oli Suomessa 1980-luvulla vielä kovin vähän. Osallistuin heidän kanssaan säännöllisesti

yhteisiin palavereihin. Näin pysyin ajan tasalla työter-
veyshuollon käytännöistä. Osallistuin myös ensimmäi-
seen työterveyspsykologeille tarkoitettuun koulutuk-
seen, jonka Työterveyslaitos järjesti.

Muutama työterveyspsykologi lähti myös mukaani
Tukholmaan Pohjoismaiden työsuojeluhallinnon psy-
kologien ja sosiologien yhteiseen tapaamiseen 1980-lu-
vun alussa. Tapaaminen oli ensimmäinen, johon osallis-
tuin. Näitä palavereja järjestettiin joka toinen vuosi eri
Pohjoismaissa, ja niissä keskusteltiin alan käytännöistä
eri maissa. Itse järjestin tällaisen kokouksen 1990-luvun
alussa Tampereella. Kielenä näissä kokoontumisissa oli
jonkinlainen skandinaaviska, mutta käytännössä kaikki
puhuivat omaa kieltään. Itse puhuin yleensä ruotsia.
Kieliongelma hankaloitti kokousten seuraamista jonkin
verran. Hiukan lohdutti ruotsalaisten toteamus, että he-
kään eivät ymmärrä oikein, mitä tanskalaiset puhuvat.

Työterveyspsykologeja alkoi olla jo enemmän 1990-lu-
vulla. Pidin heihin yhteyttä, ja sain kerran verkostoni
kautta kuulla, että psykologeja ollaan irtisanomassa vi-
roistaan. Syynä tähän oli lääkintäviranomaisen sairaan-
hoitopiireille lähettämä kirje, jossa työterveyshuollon
toimijoiksi määriteltiin lääkäri, työterveyshoitaja ja fy-
sioterapeutti. Tai ainakin kirje tulkittiin näin. Otin yh-
teyttä kirjeen laatineeseen ja sen lähettäneeseen lääkä-
riin, joka kuultuaan asiasta kauhisteli kentän tulkintaa.
Hän lupasi lähettää uuden kirjeen, missä todetaan, että

myös psykologi kuuluu kiinteästi työterveyshuollon henkilöstövoimavaroihin. Tilanne rauhoittui kentällä tuon kirjeen jälkeen.

Sekä sosiaali- että lääkintöhallituksessa oli myös psykologi, ja olin myös heihin yhteydessä. Tapailimme toisiamme kahdenkeskisesti aina silloin tällöin ja vaihdoimme kuulumisia. Toimenkuvamme olivat kuitenkin erilaiset.

Tehtäviini kuului myös toimia tarvittaessa työharjoittelijoiden ohjaajana.

Kirjan kirjoittaja työhuoneessaan työsuojeluhallituksessa 1990-luvun alussa
Kuva: P. Heinonen

Työsuojeluhallituksen aikana minulla oli yksi sosiaali-huollon ja yksi psykologian harjoittelija ohjauksessani ja myöhemmin ministeriön aikana kaksi harjoittelijaa, joista toinen oli psykologiharjoittelija.

Työministeriössä (1993-1997)

Rahapolitiikkaa vapautettiin Suomessa 1980-luvun lo-pussa: alkoi hurja liberalismin kausi pikku-Amerikan malliin. Lainojen korot olivat jopa yli 18 %, ja sen seu-rauksena syntyi sekä yritysten että valtion velkakriisi. Tilanne oli niin paha, että päättäjät harkitsivat virka-miesten irtisanomista. Tämä olisi merkinnyt valtion sul-kemista tai jopa sen lakkauttamista. Valtiovarainminis-teri *Iiro Viinanen* sai kuitenkin neuvoteltua Japanilta lai-nan, joka pelasti maan hetkeksi taloudelliselta katastro-filta.

Kuten aiemmin mainittu, valtio lakkautti rahapulassaan keskushallintoa 1990-luvun alkupuolella. Työsuojelu-hallitus kuului lakkautettavien valtion virastojen jouk-koon, ja sen toiminta päättyi keväällä 1993. Organisaatio ja sen tehtävät siirtyivät työministeriöön ja osaksi työ-suojelun piirihallintoon. Siirron yhteydessä työsuojelu-hallituksesta tuli ministeriön työsuojeluosasto. Tässä yhteydessä myös yksikköjakoa uudistettiin, ja teknilli-sen osaston korvasi kehitysosasto, josta myöhemmin tuli työsuojeluosaston kehitysyksikkö. Siirryin tähän yksikköön.

Työsuojeluhallituksen ylimääräisen psykologin virka muuttui ylitarkastajan viraksi, ja siihen tehtävään siirryin uudistuksen yhteydessä. Tehtäväalue pysyi entisenä eli työelämän mielenterveys- ja psykososiaaliset kysymykset. Myös toinen psykologin virka muutettiin ylitarkastajan viraksi.

Ministeriöön siirtyminen lisäsi etäisyyttä kenttätason työntekijöihin. Oli vaikeampaa tavata tarkastajia, tutkijoita ja työterveyspsykologeja. Ei ehkä niinkään käytännön syistä kuin organisatorisesti, henkisesti ja sosiaalisesti. Kun menin kentälle tapaamaan henkilöä, vastapuolen kannalta oli jotenkin jäykempää ja juhlallisempaa tavata ja esitellä muille ministeriön ylitarkastaja kuin keskushallinnon psykologi. Työ hallinnossa muuttui myös paperisemmaksi ja palaverivoittoisemmaksi.

Työministeriö koulutti aktiivisesti henkilökuntaa, ja osallistuin sen lukuisiin koulutustilaisuuksiin. Yksi pitkäkestoisemmista koulutuksista oli työnohjaajakoulutus, johon lisäkseni osallistui työsuojelupiireistä kolme tarkastajaa. Koulutuksen jälkeen annoin henkilökunnalle työnohjausta muutamassa työsuojelupiirissä.

Työministeriö suhtautui myönteisesti väitöskirjatyöhöni ja tuki sitä monella tavalla: pääsin mm. helposti osallistumaan tohtoriseminaareihin Turun yliopistossa.

Työohjaajakoulutuksessa mukana olleet tarkastajat ja minä jatkoimme yhteydenpitoa säännöllisesti yhteisten

palaverien muodossa. Kokoontumiset tapahtuivat pää-
asiassa työministeriön työsuojeluosaston ja myöhem-
min sosiaali- ja terveysministeriön tiloissa. Keskustelun
aiheina olivat tarkastustoiminnassa sattuneet tapaukset,
ja nuo keskustelut olivat luonteeltaan työnohjaukselli-
sia.

Kokosin myös valtakunnallisen työsuojelutarkastajien
ryhmän pohtimaan työelämän psykososiaalisia kysy-
myksiä ja tarkastuskäytäntöjä. Työryhmään osallistui
työsuojelutarkastajia eri työsuojelupiireistä. Korostin -
1980-luvulla antamani koulutuksen tavoin - että tarkas-
tajan ei kannata ryhtyä itse ratkomaan työpaikkojen
henkilökunnan psyykkistä terveyttä koskevia ongelma-
tilanteita, vaan hänen tulisi kehottaa työpaikkoja käyt-
tämään siinä ulkopuolisia asiantuntijoita, esimerkiksi
työterveyshuoltoa ja Työterveyslaitosta. Kerroin myös,
että olen aina käytettävissä ja konsultoitavissa ongelma-
tapauksissa. Kuulin kuitenkin myöhemmin, että joku
tarkastaja oli alkanut kehittää itse työyhteisöä ja saanut
aikaan ongelmia työpaikalla. Tämä kuulema katsottiin
antamani koulutuksen syyksi.

Työturvallisuuslakia uudistettiin noihin aikoihin ja la-
kiin tuli pykälä syrjinnästä ja muusta epäasiallisesta
kohtelusta työpaikoilla. Tämä helpotti tarkastajien työtä
ja tavallaan laajensi heitä pätevyyttään myös ihmissuh-
depuolen kysymyksissä. Työsuojelupiirit alkoivat pu-
hua psykososiaalisista tekijöistä, perustivat omia

työryhmiään asiaa kehittämään ja määrittelivät aihealueen sisältöä tarkastustyön helpottamiseksi. Muutamat aktiiviset tarkastajat kehittivät aihealuetta työsuojelupiireissä.

Osallistuin myös työpaikkojen päihdeongelmia koskevaan koulutukseen, ja taisin myös antaa sitä työministeriön henkilöstölle. Ehkä tähän vaikutti se, että minut oli jo 1980-luvulla nimetty työsuojeluhallituksen päihdeongelmien ja hoitoonohjauksen yhteyshenkilöksi.

Koska itse tein työni ohessa väitöskirjaa, osallistuin alan kansanvälisiin kongresseihin, joissa esittelin omia tutkimustuloksiani. Näistä mainittakoon soveltavan psykologian kansainvälinen kongressi Madridissa 1994 ja Psykologian maailmankongressi Montrealissa 1996. Psykologiharjoittelijani osallistui näistä ensimmäiseen kanssani omalla kustannuksellaan.

Kehittelin työolojen kuormittavuusmittareita, joita tarkastajat voivat antaa työpaikkojen käyttöön. Näitä mittareita varten loin myös Excel-pohjaisen laskentaohjelman yhteistyössä Lappeenrannan teknillisen yliopiston opiskelijan kanssa. Näitä arviointi- ja laskentamenetelmiä sovellettiinkin muutamassa työyhteisössä, ja kävin tarkastajien mukana työpaikoilla konsultoimassa mittausten tuloksia.

Sosiaali- ja terveysministeriössä (1997-2010)

Poliittisten suhdanteiden muuttuessa tapahtui jälleen ministeriön vaihdos. Työsuojeluosasto yksikköineen siirtyi sosiaali- ja terveysministeriöön 1997. Palattiin tavallaan lähtökohtiin eli samaan organisaatioon kuin aikaisemmin, mutta nyt ministeriön osastona.

Työni kehitysyksikön strateginen suunnittelu- ja kehittäminen -ryhmässä oli pitkälti tekstien valmistelua valtakunnallisia pitkän ajan suunnitelmia varten. Huolenani oli työelämän psykososiaalisten tekijöiden saattaminen teksteihin. Aina tämä ei onnistunut sillä tavoin kuin olisin halunnut: tekstien muodosta käytiin pitkiä vääntöjä työryhmän sisällä.

Työryhmän työhön kuului aihealueen tilastojen ja tutkimusten seuraaminen ja niiden hyödyntäminen suunnittelutyössä. Yksikkö osallistui myös työryhmien yhteisiin hankkeisiin. Työelämän psykososiaaliset kysymykset ja työn psyykkinen kuormittavuus olivat mm. aihealue, jossa viraston psykologit tekivät yhteistyötä. Työryhmätyön lisäksi jouduin valmistelemaan osaston alueen muita tekstejä toimeksiantojen mukaan.

Tämänkin työjakson aikana kävin edelleen jonkin verran luennoimassa, mutta en enää läheskään siinä määrin kuin 1980-luvulla. Tuolloin luennoimassa käynti oli lähes jatkuvaa, ja saatoin olla työmatkoilla lähes pari viikkoa yhteen menoon. Luennoin mm. Tallinnassa Viron työsuojelutarkastajille 2000 -luvun alussa.

Kutsuin prof. *Cary L. Cooperin* Lancasterin yliopistosta (UK) vierailulle Suomeen (2006). Ajatuksen tähän sain tutkijaverkostoni kautta prof. *Veikko Teikarilta*. Vierailun yhteyteen järjestettiin työstressin ehkäisyä koskeva seminaari: *Coping and Prevention of Work Stress – European and National Perspectives* (https://archive.org) 17.-19.9.2006. Tilaisuus toteutettiin yhteistyössä Työterveyslaitoksen kanssa, ja se tuli osaksi sosiaali- ja terveysministeriön rahoittamaa ns. VETO-ohjelmaa.

Tehtäviini kului myös toimia sosiaali- ja terveysministeriön rahoittamien tutkimus- ja kehittämishankkeiden valvojana.

Pidin edelleen yllä yhteyshenkilöverkostojani, jotka vuosien mittaan olivat yhä laajentuneet. Näihin kuului työelämän tutkijoita, työterveyspsykologeja ja työsuojelutarkastajia. Kävin tapaamassa heitä edelleen ja välitin tietoa heille hallinnossa ajankohtaisista asioista.

Kehitin 2000-luvulla työolojen psykofyysisten riskien arviointimenetelmän (Psyfyrix), joka oli tarkoitettu työolojen omaehtoiseen kehittämistyöhön. Se on yhä vapaasti ladattavissa internetissä:

https://archive.org/details/Psyfyrix_20181126_1604

Väitöskirjatyöni jälkeen kirjoitin kirjan *Näköaloja työelämään: kuormittavuus voimavaraksi*. Työterveyslaitos julkaisi sen vuonna 2001 (ISBN 951-802-438-3). Tavoitteenani oli kirjan avulla tehdä aihepiiriä ymmärrettäväksi ns. tavalliselle ihmiselle.

Muutama vuosi ennen eläkkeelle jäämistäni otin yhteyttä yhteistyökumppaniini Suomen Mielenterveysseuran toiminnanjohtaja *Pirkko Lahteen* ja kyselin, voisimmeko tehdä vielä jotain yhdessä. Tämä keskustelun pohjalta syntyi Mielenterveysseuran julkaisuna kirja *Henkinen hyvinvointi työpaikalla: yhteinen etu* (2006, ISBN 952-5513-26-2). Olin kirjan teossa yhtenä suunnittelijana mukana. Julkaisusta tuli osa sosiaali- ja terveysministeriön ns. VETO-hanketta.

Viimeisinä virkavuosinani kokosin työkokemukseni perusteella syntyneitä ajatuksiani psykososiaalisesta työkuormituksesta muistioon (31.8.2007): *Terveydelle haitallisen psykososiaalisen työkuormituksen ehkäisystä.* Tavoitteena oli selventää psykososiaalisten tekijöiden käsitettä. Käsitettä alettiin käyttää tuolloin mm. työsuojelupiireissä.

Toisessa muistiossa (2.2.2009) tarkastelin työterveyshuollon kehittämistarpeita: *Työterveyshuollon rakenteet ja toiminta tukemaan työterveyshenkilöstön, erityisesti työterveyspsykologin työtä ja parantamaan asiakastyytyväisyyttä.* Muistiot löytyvät Internet Archivesta *(https://archive.org)* hakusanalla *Kyösti Waris.*

Ennen eläkkeelle siirtymistäni tein vielä hallinnon sisäisen esityksen (16.10.2009): *Henkisen hyvinvoinnin (mielenterveyden) edistämiseksi työsuojeluhallinnon keinoin.*

Pohdintaa

Olen huolestuneena pannut merkille sen, miten työsuojelua koskeva käsitteistö on muuttunut ajan kuluessa niin, että asian alkuperäinen merkitys on hiljalleen kadonnut. Ruotsiksi työsuojelu on *arbetarskydd eli työntekijöiden suojelu.* Alun perin oli tarkoitus, että ihmisiä suojellaan työolosuhteiden terveydelle haitallisilta vaikutuksilta. Suomenkielinen vastine *työsuojelu* voi viitata siihen, että työtä pitäisi jotenkin suojella ja että puhutaan jostain muusta kuin työntekijöistä.

Myöhemmin on puhuttu *työhyvinvoinnista,* jonka on ymmärretty käsittävän myös yrityksen tuottavuuden ja organisaation toiminnan. Nykyisin sosiaali- ja terveysministeriössä toimii työ- ja tasa-arvo-osasto, jonka tehtäviin kuuluvat myös työsuojeluasiat. Nimestä voisi päätellä, että kyseessä on laajasti työasioita käsittelevä yksikkö, jonka yhtenä osa-alueena ovat tasa-arvokysymykset. Käsitteissä ollaan siis melkoisen kaukana siitä, mitä alun perin työntekijöiden suojelulla tarkoitettiin.

Työolojen ongelmat ja niiden vaikutukset eivät ole mihinkään kadonneet: työn rasittavuus on yhä huipussaan *(väitöstilaisuus 24.9.1999, yleisöluentoni).* Kuitenkin korostetaan mielellään vain tuottavuutta. Ehkä ajatellaan vain niin, että ei ole niin väliä, vaikka työntekijät uupuisivat työssään ja palaisivat loppuun, sillä näitähän saadaan kehittyvistä maista. He ovat kiitollisia, nöyriä ja vähään tyytyväisiä. – Työvoiman kerskakulutustako?

Väitöskirjatutkimuksestani [1] (suomennos): *Henkinen hyvinvointi työssä: Merkki terveestä työyhteisöstä ja välttämätön edellytys työyhteisön* (omaehtoiselle) *kehittämiselle* kävi mm. ilmi, että työtyytyväisyyden merkitys koettujen työolojen yleisenä ilmaisijana korostui. Organisaation toimivuus ja työn piirteet olivat yhteydessä henkilön työtyytyväisyyteen ja terveyteen, kun niitä mitattiin sairauspoissaoloilla.

Kun työntekijät kokivat tyytyväisyyttä työssään, he olivat myös terveempiä, organisaatio toimi paremmin ja sillä oli voimavaroja kehittää itse työolojaan ilman ulkopuolisia konsultteja. Avain työolojen kehittämisessä on siis kysyä miten ihmiset voivat työpaikalla, ovatko he tyytyväisiä työssään ja miten heidän mielestään työoloja tulisi kehittää. Jos ongelmat ovat suuria tai ne ovat pahenemassa, on syytä käyttää apuna ulkopuolisia asiantuntijoita, kuten työterveyshuoltoa, Työterveyslaitosta ja alan muita konsultteja työolojen kehittämiseksi.

Lopetin työurani työsuojeluhallinnossa siirtyessäni eläkkeelle täysin palvelleena. 1.1.2011

[1] https://urn.fi/URN:NBN:fi-fe201202011280
ISBN 951-802-308-5; ISSN: 1237-6183

Kansalaisnäkökulmia: Suomi maailman-politiikan pyörteissä

Yhteiskuntatieteilijänä minulla on ollut tapana pohdiskella yhteiskunnallisia asioita. Esitän seuraavassa muutamia näkemyksiäni, jotka koskevat Suomea ja laajemminkin eurooppalaisia yhteiskuntia. Ne perustuvat koulutukseeni sekä työ- ja elämänkokemukseeni. Katselen tapahtumia ja tilanteita aluksi ikään kuin katsoisin elokuvaa tai teatterinäytöstä.

Valkonaamojen erämaalinnake

Kun kuulen sanan Suomi, mieleeni tulee vanha villin lännen filmi, jossa valkoiset puolustautuivat intiaaneja vastaan. Valkoisilla oli hallussaan tiettyjä maa-alueita ja niiden suojana sotilastukikohtia, linnakkeita. Eräs tällainen oli erämaalinnake, joka sijaitsi valkoisten alueen äärilaidalla, korvessa ja kaukana kaikesta. Sen tehtävänä oli tarkkailla ympäristöä vihollisten varalta ja hälyttää apujoukkoja, jos se havaitsi jotain epäilyttävää olevan tekeillä. Se hoitikin säntillisesti tehtäväänsä, harrasti tiedustelua aktiivisesti ja raportoi havaitsemastaan pääjoukoille.

Tuo linnake oli täynnä aseita ja muita sotatarvikkeita. Jopa niin, että elämiseen tarvittaville hyödykkeille ei juurikaan jäänyt tilaa. Kaikki miehet linnakkeessa olivat asepalveluksessa. Linnakkeen väkeen kuului myös naisia ja lapsia. Jotkut heistä olivat syntyneet siellä, eivätkä olleet koskaan nähneet muunlaista elämää. Kaikkien, myös naisten ja lasten, oli noudatettava tiukkaa sotilaallista kuria ja sotilaskäytäntöjä arkitoimissaan.

Linnake oli jatkuvassa valmiustilassa hyökkäyksen varalta. Tämä mahdollisuus oli koko ajan näiden ihmisten mielessä. Vihollisen varalta myös lapsille oli annettu koulutusta aseiden käytöstä. Ilmapiiri oli jännittynyt ja lähes vainoharhainen. Sotilaskulttuuriin kuuluu näet epäillä jatkuvasti kaikkia, omia ja vieraita vihollisen varalta. Linnakkeesta ei saanut poistua eikä sinne saanut tulla kuin poikkeusluvalla. Tästä syystä muut kuin sotilaat kokivat olevansa enemmän tai vähemmän päällikön vankeja.

Jään pohtimaan, olisiko näistä ihmistä ollut enää eläjiksi siviiliyhteiskunnissa, koska heiltä puuttuivat taidot siihen?

Vapauden vartijat

Painajaisunenomaisesti näen myös yhteiskunnan, missä lapsia ei enää juuri synny, koska olot ovat turvattomat ja epävakaat eikä ihmisillä ole varaa elättää lapsiaan. Sairailla ei ole varaa ostaa lääkkeitä. He eivät pääse tarvitsemaansa hoitoon, koska hoitopaikkoja ja hoitajia ei ole, eikä heillä ole siihen varaakaan. Useat vanhukset jäävät vaille hoitoa.

Monet ihmiset, lapset mukaan lukien, näkevät nälkää, koska heillä ei ole rahaa ostaa ruokaa. Heillä on kylmä, koska he eivät pysty hankkimaan tarvitsemaansa vaatetusta. Useiden kodit ovat kylmiä, sillä heillä ei ole varaa lämmittää asuntojaan energian korkeiden hintojen vuoksi. Sähkön tarvitsijat on pakotettu pelureiksi seuraamaan pörssin hintojen heilahteluja. Sähkön hinnalla riistetään ihmisiä. Kaduilla myydään huumeita, ja niitä käytetään runsaasti. Rikollisjengit riehuvat kaduilla, pahoinpitelevät ja tappavat ihmisiä. Tämä johtuu osaksi siitä, että suurella osalla nuorista ei ole varaa mennä harrastuksiin.

Koulut ovat rauhattomia ja turvattomia: on suuria seinättömiä halleja, joissa oppilaiden pitäisi itse ohjata opintojaan ja oppia. Tästä syystä oppimistulokset ovat huonoja. Oppilaat jopa ampuvat kouluissa koulutovereitaan, mikä kertoo pahasta olosta. Mielenterveysongelmaiset täyttävät vastaanottopaikat niin, että hoitoon pääsevät vain harvat. Loput jäävät oman onnensa nojaan. Maantiet ja rautatiet rapautuvat kunnostuksen puutteessa. Taksikuskit tappelevat keskenään, huijaavat asiakkailta rahaa, raiskaavat heitä, jne.

Monet kärsivistä ovat hiljaa, koska he eivät uskalla tai jaksa enää puhua ongelmistaan tai he eivät tiedä, mistä ja miten hakea apua. Ihmisten hiljaisuus on seurausta myös siitä, että päättäjät ja tiedotusvälineet ovat pelotelleet heitä taudeilla ja sodalla. Heidän on ollut pakko katsoa päivittäisiä sotatapahtumia, ikään kuin he itse olisivat sodanjohdon esikunnassa seuraamassa tapahtumien kulkua ja vastaamassa operaatioiden onnistumisesta. Tässä heitä opastavat armeijan päälliköt ja sen eriasteiset kouluttajat, jotka antavat aina ensikäden tietoa tilanteista. Myös papit, kuten sotilaspastorit armeijan asussa, antavat julkisissa tiedotusvälineissä strategista neuvontaa sotien kulusta. Ihmisten mielet on kyllästetty sotapropagandalla.

Kun osa ihmisistä protestoi edellä mainittua kehitystä vastaan, paikalle lehahtavat tummissa, melkein mustissa asuissa olevat hahmot. He kantavat suuria kilpiä, joiden suojissa he piileskelevät; kilvissä lukee *Demokratia*. Kädessään heillä on pitkät, tukevat paimensauvat, joissa on teksti: "*Liberalismi – vapaus ja hyvinvointi vahvoille, hinnalla millä hyvänsä*". Niillä he iskevät maahan, karjahtavat toistellen yhä uudestaan: "Suomi on maailman onnellisin maa, tiede on sen todistanut!". He toivovat, että "lapset" (kansa, ihmiset) kuuntelevat tätä kehtolaulua ja nukahtavat siihen onnellisina ajatellen: valtakunnassa on kaikki hyvin. Näin tapahtuukin, kun heille soitetaan yhä uudelleen tuota sävelmää.

Tutkijana pidän vuosikausia jatkuvaa, muuttumatonta onnellisuuden tilaa epäilyttävänä ottaen huomioon sen, että yhteiskunnassa ns. tavallisten ihmisten arjessa selviytyminen on käynyt yhä vaikeammaksi ja ihmisten pahoinvointi on lisääntynyt. Muiden maiden kohdalla tuloksissa kyllä näkyy vaihtelua normaalisti vuosittain.

Joko kysymys on tieteellisesti puutteellisesta tutkimuksesta tai tutkimusvilpistä. Onkohan kysymyksessä samanlainen YK:n hanke kuin koronaviruksenkin kohdalla: paniikkia ja paljon melua tyhjästä? Ihmettelen hiukan, ettei näitä tutkimuksia olla juurikaan kyseenalaistettu tai edes arvioitu. Ehkä siitä syystä, että ne eivät olekaan varteenotettavaa tieteellistä tutkimusta.

Kuinkahan saataisiin käyntiin puolueeton tutkimus, jota vetäisi tieteellisesti pätevä, riippumaton tutkija?

Sellainen, joka selvittelisi, mitä eri kansaryhmiin kuuluvat ihmiset todella tuntevat ja ajattelevat ja miten he selviytyvät jokapäiväisessä arjessaan? Voi kyllä olla, että rahoituksen saaminen sellaiseen tutkimukseen olisi työn ja tuskan takana tai jopa mahdotonta tässä onnellisuuden huumassa.

Nuo edellä kuvatut hahmot kuvittelevat omistavansa ihmiset ja voivansa tehdä heille, mitä haluavat. Tämä tarkoittaa sitä, että ihmisillä ei saa olla omaa tahtoa, eivätkä he saa ajatella itsenäisesti. Jos he niin tekevät, se tulkitaan disinformaation levittämiseksi (valheeksi).

Ihmisten elämän katsotaan kuuluvan hahmoille, ja se heidän on uhrattava ylpein mielin, jos "omistajien" etu niin vaatii. Tähän voidaan rohkaista esimerkiksi sotapropagandalla ateenalaisten laulun sanoin: " ...*Nuorukaiselle kuolla kuuluu, kun hällä vielä kutrissa tuoksuavat nuorteat kukkaset on...*" - No ei kyllä kuulu, pikemminkin heille, jotka tuollaisia puhuvat.

Mitä tämä kaikki kertoo hyväosaisten päättäjien - niitähän he usein ovat - arvovalinnoista? Mitkä arvot ovat heille tärkeitä? Mitä he puolustavat ja vaativat kaikkia puolustamaan, omaa hyvinvointiaanko? Historia on osoittanut, että ihmisten uhraaminen ei ole hyvää ja kestävää liiketoimintaa talouden ja yhteiskunnan kannalta.

Valtio-liskojen vaellus

Näen seuraavaksi suuren joukon liskoja, isoja ja pieniä. Ne kuuluvat petoliskojen heimoon. Kaikilla niillä on terävät hampaat ja tarttumakynnet, jotka on tarkoitettu saaliin tappamiseen ja repimiseen syötäväksi. Ne ovat menossa saalistamaan, pienet suurten perässä saaliin jäännösten jakamisen toivossa.

Mitä nämä liskot ovat? Ne eivät suinkaan ole esihistoriallisia eläimiä. Ne ovat olemassa olevia valtioita. Ne ovat nykyajan yhteiskuntien hallinnollisia rakennelmia ja käytäntöjä sekä niiden poliittisia toimijoita. Niitä, jotka eivät välitä yhteisistä sopimuksista (lait), laativat edukseen epäoikeudenmukaisia lakeja, ajavat omia etujaan ja ovat väkivaltaisia.

Nuo kehitysvaiheessaan alkeelliset liskovaltiot käyttävät väkivaltaa sekä ulkoisten että sisäisten, usein myös kuviteltujen uhkien torjumiseksi. Eivätkä ne saaliinhimossaan kavahda omien kasansalaistensakaan syömistä. Siihen niillä on terävät hampaat, kynnet ja kyltymätön ruokahalu.

Huomioni kiinnittyy liskojen joukossa erääseen pieneen yksilöön, joka liikkuu hieman vaivalloisesti. Tämä johtuu siitä, että se on huonossa kunnossa, koska se on sairas. Sillä on loisia sisällään, ja lisäksi se kärsii autoimmuunisairaudesta. Sen immuunijärjestelmä on hyökännyt sen omaa elimistöä vastaan ja tuhoaa sen sisäelimiä. Liskolla on hiukan leijonamainen pää, jossa on tuuhea harja. Sen hampaat ja kynnet ovat veitsenterävät, kuten muillakin liskoilla. Ehkä jopa terävämmätkin, sillä se on teroittanut niitä huolellisesti.

Huolimatta liikuntaongelmistaan lisko tuntee olonsa melko turvalliseksi, onhan se muiden liskojen joukossa, jotka varmasti auttavat, jos tulee ongelmia. Sitä paitsi sille oli vakuutettu, että suuren rajajoen tällä puolella olevat petoliskot ovat kilttejä, eivätkä ne raatele ainakaan omiaan, vaikka niillä kaikilla onkin terävät hampaat ja kynnet. Joen toisella puolella elävät sen sijaan ovat todellisia petoliskoja, joita on syytä varoa. - Niin sille oli kerrottu, ja siihen se oli luottanut. Sen vuoksi se pelkää ja vihaa sydämensä pohjasta joen toisella puolella asustavia petoliskoja.

Tuntiessaan olonsa heikkenevän se, kuten liskoilla on tapana, pörhistää harjaansa näyttääkseen suuremmalta, kalisuttelee hampaitaan ja karjahtelee pelotellakseen toisia ja näyttääkseen vahvalta. Voimat kuitenkin ehtyvät, ja se joutuu lopulta pysähtymään. Epätoivo alkaa hiipiä sen mieleen. Joku tuttu pienlisko käy sitä nuuhkaisemassa kerran ja lähtee sitten pois omille teilleen. - Sitten muuan ohikulkeva suurlisko, ehkä Tyrannosaurus rex, nappaa sen suuhunsa alkupalaksi ja jatkaa matkaansa suurempien saaliiden perässä.

Petoliskot käyttäytyvät kaikki samalla tavalla luonteensa mukaisesti riippumatta siitä, mihin alalajiin ne kuuluvat tai millä puolella suurta jokea ne asustavat.

Mietin sitä, että koskahan meidän aikamme liskojen ajanjakso päättyy? Entisaikojen liskojen aikakausi loppui kerran nopeasti, yhtenä päivänä. Toivoisin nykyajan liskoille samaa kohtaloa – ainakin sitä, että niiden hampaat putoaisivat ja kynnet lähtisivät kerralla. Toivoisin niiden tilalle entistä viisaampaa lajia. Sellaista, joka osaa ja haluaa pitää huolta kaikista jäsenistään ja takaa toimeentulon myös heikommassa asemassa oleville, niin että kaikki voivat elää. - Ja sellaisen, joka ymmärtää, että turvallisuus on tärkeää kaikille, ei vain itselle. Tämän vuoksi se ymmärtää ottaa toimissaan huomioon myös naapuriensa turvallisuuden tarpeet, sillä lähiympäristön turvallisuus edistää myös sen omaa turvallisuutta.

Harhakuvitelmat omistamisesta ja vallankäytöstä

Ihmisellä on nähdäkseni kaksi pahaa harhakuvitelmaa, jotka aiheuttavat hänelle itselleen ja muille ongelmia. *Toinen on kuvitelma, että ihminen omistaa jotain. Toinen, tähän usein liittyvä, on harha vallasta: kuvitellaan, että jopa kanssaihmiset ovat jonkun omaisuutta, ja siksi heitä voidaan käskyttää mielin määrin oman tahdon mukaisesti.*

Ihminen syntyy alastomana ja avuttomana tähän maailmaan, ja samalla tavalla hän täältä myös lähtee. Se, mitä hän on eläessään saanut aikaan ja hallinnut, katoaa hänen kuollessaan. Myös yhteiskunnat ja kulttuurit katoavat aikanaan jättäen jälkeensä vain raunioita ja kivikasoja jälkipolvien katsottaviksi ja ihmeteltäviksi.

Kukaan ei todellisuudessa omista mitään. Ihminen hallinnoi kyllä saavutuksiaan sen lyhyen ajan, kun hän on elossa. Tästä hallinta-ajasta ei edes ole olemassa mitään sopimusta, johon voisi vedota, kun elämä päättyy. Se voi päättyä minä hetkenä hyvänsä. Yhteisöillä hallinta-aika saattaa olla pidempi, mutta sekin päättyy lopulta aina.

Tosiasiassa kukaan ei ole mikään, kuten eteläpohjalainen maanviljelijä *Antti Rannanjärvi* on sanonut 1800-luvulla. Ajan kuluessa kaikki se, mitä ihminen on saanut aikaan, häviää. *Ihmisen todellinen arvo mitataan usein jälkikäteen sillä, miten hän on edistänyt läheistensä ja yhteisön jäsenten hyvinvointia: kuinka hyvä hän on ollut toisia kohtaan eläessään. Yhteiskunnan johtajien arvoa mitataan sillä, miten hyvin nämä pystyvät johtamaan yhteiskuntaa yhteistyöllä ja miten he pitävät huolta kaikista yhteisön jäsenistä.*

Joskus omistamisen ja vallanhimo on niin voimakasta, että se – joidenkin mielestä - oikeuttaa tuhoamaan surutta toisia ihmisiä. Tämä voidaan tehdä ideologian ja uskonnon nimissä vedoten esimerkiksi välttämättömyyden pakkoon tai jumalan tahtoon. Ideologioita ja uskontoja pidetään itsessään usein pyhinä, ja siksi ne ovat jumalan asemassa.

Jotkut vallassaolijat ovat julistaneet itsensä jumalaksi tai ainakin hänen edustajakseen maan päällä ja käyttäytyvät sen mukaisesti, kaikkivaltiaina. Käy usein niin, että kun palvotaan omaa jumalaa - ideologiaa, uskontoa tai henkilöä - sokeasti, käyttäytyminen automatisoituu. Aletaan muistuttaa robottia: lakataan ajattelemasta, arvioimasta tekojen seurauksia ja tuhotaan ihmisiä, eläimiä ja luontoa.

Monet jumalat, joita palvotaan, ovat verenhimoisia ja kovin mielistyneet ihmisuhreihin. Niinpä esimerkiksi toisessa maailmasodassa tuhotiin kaksi kaupunkia (Hiroshima ja Nagasaki) ja niiden viattomat ihmiset ydinaseilla demokratian, liberalismin ja vahvojen oikeuksien puolustamisen nimessä. Ilman, että asiasta olisi jälkikäteenkään sen kummemmin keskusteltu. Puhumattakaan siitä, että tätä olisi koskaan pyydetty anteeksi. Satojen tuhansien kuolleiden muistomerkeillä ja haudoilla ollaan kyllä käyty patsastelemassa ihonväristä riippumatta ja ihmettelemässä pommien tehoa, mutta ilman katumuksen häivääkään.

Atomipommien käytöstä ei varoitettu etukäteen. Ei ollut mitään sovittua oppia (doktriinia) koskien ydinaseiden käyttöä. Päähänpistosta käskyn tuohon kansanmurhaan antoi maltillisena pidetty USA:n presidentti Harry S. Truman. Hän edusti demokraattista puoluetta. Sen lähin vastine Suomessa lienee Suomen Sosialidemokraattinen Puolue, erityisesti sen oikea laita.

Liberalismin käytännön toteutus näkyy New York: in Vapauden patsas -jumalattaren takana kaduilla, missä köyhät ja sairaat asuvat ja kuolevat rikkaiden jalkojen juuressa.

Historia on opettanut, että ne jumalat, jotka ovat kestäneet aikaa kauimmin ja joita ihmiset ovat pisimpään kunnioittaneet, ovat olleet lempeitä ja auttavia. - *Verenhimoisia, ihmisuhreja vaativia jumalia ei kannata ylistää ja*

palvella, vaikka se tuntuisi kuinka pyhältä. On hyvä etsiä nii-
den tilalle ihmisystävällisempiä vaihtoehtoja.

Rajoitetun itsehallinnon aika Suomessa

Suomi oli vuosisatoja osa läntistä Ruotsin valtakuntaa. Ruotsi hyötyi Suomesta kantamalla veroja ja pestaamalla valloitussotiinsa suomalaisia miehiä. Tietääkseni Ruotsin valtio ei koskaan tarjonnut Suomelle itsehallintoa (autonomiaa), itsenäisyydestä puhumattakaan.

Vasta kun Ruotsi hävisi sodan (1808-1809) Venäjää vastaan Suomesta tuli autonominen Venäjän Suuriruhtinaskunta n. sadaksi vuodeksi. Suomi sai oman rahan ja se sai oikeuden soveltaa omaa lainsäädäntöä. Sillä oli oma kieli ja kulttuuri. Näin Suomen itsenäisyyskehitys oli alkanut ja se jatkui Venäjän yhteydessä ns. sortovuosia lukuun ottamatta itsenäisyysjulistukseen asti 1917. Neuvostoliiton johto (Lenin) tunnusti Suomen itsenäisyyden ensimmäisenä maana heti tämän itsenäisyysjulistuksen jälkeen v. 1917.

Oli kuitenkin ilmeistä, että Suomalaisia pelotti uusi vastuu, ja hallintomalleja haettiin niin idästä kuin lännestäkin. Työväestö haki mallia idästä ja porvarit lännestä. Porvariston mielestä Suomeen olisi pitänyt saada saksalainen prinssi kuninkaaksi.

Sen sijaan, että olisi istuttu keskustelemaan yhdessä ja kehitetty omaa hallintomallia vaikkapa Ruotsin mallin mukaisesti, suomalaiset alkoivat tappaa toisiaan ajatellen alkeellisesti, että voimalla sitä maata ja ihmisiä hallitaan. Tällä tavoin Suomen valtio syntyi vaikealla ja kivuliaalla "pihtisynnytyksellä", minkä seurauksena oli syntymässään säikähtänyt lapsi.

Kansalaissodan voittivat porvarit Saksan tuella. Tapahtuma jätti pysyvät jäljet sekä poliittisen oikeiston että vasemmiston välille ja myös työväestön sisälle. Kommunistien lisäksi syntyi Suomen sosialidemokraattinen puolue (sosialistit), jonka sisälle repesi kuilu sen vallassa olevan oikean siiven ja vasemman laidan välille. Tämä on nähtävissä tänäkin päivänä.

Monet Sosialidemokraattien oikean siiven edustajat näyttävän vihaavan sydämensä pohjasta puolueen vasemman laidan edustajia, ja päin vastoinkin. Puolueen lipun tunnuksena on edelleen punainen väri. Se lienee jäänyt muistoksi menneiltä ajoilta työväestöön kuuluvien äänien houkuttelemiseksi.

Syvän talouslaman aikana 1990-luvun alussa Suomi pyrki (1994) ja pääsi Euroopan unioniin (1.1.1995) Saksan tuella, vaikka sen talous oli katastrofaalisessa tilassa. Suomen taloudellinen tilanne ei täyttänyt EU-jäsenyyden hyväksymiseksi vaadittavia normeja. Äänestys unionin jäsenyydestä oli Suomessa tiukka. Kahden presidentin (Koivisto ja Ahtisaari) vetämä kampanja jäsenyyden puolesta voitti tuolloin niukasti. Molemmat presidentit edustivat lähinnä Sosialidemokraattien oikeaa laitaa.

Kansalaisia koetettiin rauhoitella antamalla kuva, että maan itsesäisyys säilyisi. Korostettiin mm. että sosiaali- ja terveysasiat jäisivät kunkin maan päätettäviksi.

Kun katselee valtioneuvoston esityksen perusteluja liittymisestä Euroopan unioniin (*HE 135/1994 vp*) saa väistämättä käsityksen, että vaikka sopimusehdotuksen pituus on yli 1000 sivua, se on tosiasiassa köyhän, velkaisen ja hädässä olevan miehen avoin valtakirja, johon pyydettiin nimikirjoitukset. Siinä on tosin mainintoja mm. terveys ja sosiaaliasioista, jotka ovat ensisijaisesti kunkin kansallisessa päätösvallassa, mutta niihin, kuten kaikkeen muuhunkin, voidaan puuttua tarvittaessa myös Unionin tasolla. Epäilyjen hälventämiseksi esityksen perusteluissa mainitaan mm. (s. 11):

"… Euroopan unioni ei ole kansainvälinen järjestö tai liittovaltio eikä sillä ylipäänsä ole oikeuskelpoisuutta. Euroopan yhteisöt ovat sen sijaan kansainvälisiä järjestöjä, jotka käyttävät toimivaltaansa kuuluvissa asioissa jäsenvaltioiden niille siirtämiä valtuuksia. Jäsenyys Euroopan unionissa asettaa jäsenvaltioille velvoitteita, jotka rajoittavat eräillä aloilla niiden oikeutta yksin määrätä omasta lainsäädännöstään tai suhteistaan ulkovaltoihin. Unionin jäsenvaltiot ovat silti täysivaltaisia itsenäisiä valtioita … "

Yllä mainitut perustelut ovat itsessään ristiriitaisia: toisaalta todetaan, että valtiot ovat täysivaltaisia ja itsenäisiä, toisaalta että Euroopan yhteisöt ovat kansainvälisiä toimijoita, jotka käyttävät valtaa kansallisvaltioiden yli. *Euroopan unioni ja Euroopan yhteisöt näyttävät nykyään olevan paljolti yksi ja sama asia. Eli tunnustetaan se, ettei olla enää täysin itsenäisiä.*

Suomi, päinvastoin kuin muut Pohjoismaat, on luopunut omasta rahasta (nyt myös rahapajasta), joka on eräs itsenäisen valtion tunnusmerkki. Se noudattaa yhä enemmän Unionin lainsäädäntöä ja taloudellisia määräyksiä. Suomi noudattaa myös Unionin ulkopolitiikkaa suhteessa muihin itsenäisiin valtioihin. Se on niin ikään mukana kehittelemässä Euroopan yhteistä puolustusta, ehkä jopa armeijaa, vaikka sitten yhteisellä lainarahalla.

Talouskehityksen vauhdittamiseksi EU:ssa on tehty esitys yhteisen, jopa satojen miljardien suuruisen velan, ottamisesta. Näin EU koettaa sitouttaa kansallisvaltioita yhä tiukemmin ohjaukseensa: velkaisilla jäsenillä ei olisi enää varaa erota Unionista.

Kaikki edellä mainittu voitaneen kiteyttää seuraavaan määritelmään: *Suomen valtio on nykyisin tosiasialliselta hallitusmuodoltaan rajoitettu itsehallinto (autonomia), joka on suurelta osin alisteinen liittovaltion kaltaiselle Euroopan unionille ja jossa on länsi-, erityisesti USA -mielinen hallinto.* Suomen rajoitetusti autonomisessa tasavallassa väestö voi huonosti, lukuun ottamatta kapeaa hyvinvoivaa väestönosaa.

Valtioiden itsenäisyys riippuu paljolti niiden yhteiskunnallisesta ja inhimillisestä kypsyydestä. Eletään aina sen mukaan kuin osataan ja pystytään. Vaikuttaa siltä, että tällä kertaa eletään sellaisessa yhteiskunnallisessa tilassa, joka on hallinnollisesti jopa alempiasteisempi kuin 1800-luvun autonomian aika. *Kaikki tämä on tapahtunut ilman, että kukaan on ottanut asiaa julkisesti esille ja että asiasta olisi keskusteltu avoimesti.*

Ihmisen, sekä yksilöiden että valtioiden, itsenäisyyden kaipuu on yhtä todellinen ja pysyvä kuin joidenkin vallan- ja alistamisen himokin. Suomen itsenäisyys näyttää supistuvan nyt vain siihen, että Unionista voidaan toistaiseksi vielä erota niin haluttaessa. Voi tulla aika, ettei sekään enää ole mahdollista ilman verisiä yhteenottoja liittovaltion joukkojen kanssa. Suomen onneksi sillä on vielä oma vahva armeija.

Valtion pihtisynnytyksessä saatujen vaurioiden johdosta Suomen itsenäisyys on aina ollut hiukan kyseenalainen. Nykyinen - tosiasiallinen hallitusmuoto - *rajoitettu itsehallinto*, on kaukana itsenäisyydestä, vaikka tällaista kuvaa edelleen sitkeästi pidetään yllä. *Voisi itse asiassa kysyä, onko Suomi koskaan ollutkaan itsenäinen ja onko se edes ollut päättäjien tarkoitustaan?* Suomen itsenäisyyspäivän juhlissa presidentin linnassa soitetaan edelleen jääkärimarssia, jonka sanat alkavat: *"Syvä iskumme on, viha voittamaton Meill' armoa ei kotimaata".* Ei ole armoa eikä kotimaata, on vain viha ja syvä isku, joka kohdistui kansalaissodassa omiin kansalaisiin. Tämä ei kuulosta kovin itsenäisen valtion laululta.

Tiettävästi tuon tavan marssin esittämisestä linnan juhlissa otti käyttöön Nobelin rauhanpalkinnon saanut, sosialidemokraattinen (sosialisti) presidentti Martti Ahtisaari. Lieneekö häntä tähän innoittanut Saksalta saatu tuki EU- jäsenyysneuvotteluissa? Alkuperäisessä saksankielisessä puhetekstissään Saksan liittopresidentin illallisilla Ahtisaari muistaakseni totesi mm., että Saksalla ja Suomella on enemmän asioita, jotka yhdistävät kuin erottavat maita toisistaan. [1] Olen nähnyt tuon tekstin.

Kaikesta länsimaiden pahansuovasta kritiikistä huolimatta Suomi saattoi olla itsenäisimmillään juuri Kekkosen aikana, jolloin vaikeassa poliittisessa tilanteessa hoideltiin suhteita joka suuntaan ja tehtiin uranuurtavaa rauhantyötä idän ja lännen kanssa. Ihmisistä pidettiin parempaa huolta. Nyt rajat itään ovat kiinni ja verorahoilla rahoitetaan vieraiden maiden sotia, vaikka oman maan asiat vaatisivat huomiota.

Harvainvalta voimissaan

Poliittiset puolueet näyttävät Suomessa olevan lähinnä hyväosaisten aikuisten jengejä. Niissä vallitsevat usein

---

[1] Tasavallan presidentti Martti Ahtisaaren puhe Saksan liittotasavallan liittopresidentin ja rouva Roman Herzogin juhlaillallisilla 22.11.1994.

jengien lait ja väkivalta. Vaaditaan kuuliaisuutta johtajia kohtaan: ei saa "potkia aisan yli".

Jengeissä yhtenäisyyden paine on kova, ja niitä jäseniä rangaistaan, jotka eivät noudata tätä periaatetta. Heihin voidaan käyttää väkivaltaa, samoin kuin jonkun toisen ryhmän jäseniä kohtaan.

Olen joskus pohtinut, että onko oikeaa kansanvaltaa se, että kansalaiset voivat äänestää vain poliittisten jengien jäseniä, jotka aina ensisijaisesti etsivät omaa ja omiensa etuja ja taistelevat vallasta. Voisi olla aika alkaa määritellä kansanvaltaa uudelleen ihmisten suoran vaikuttamisen lisäämiseksi. Askel siihen suuntaan voisi olla se, että kansan- ja Europan parlamentin edustajat voivat äänestää useammin nimettöminä tai ainakin oman vakaumuksensa mukaan.

Jo muinaisessa Kreikassa tunnistettiin vallan keskittymisestä johtuvat ongelmat. Filosofi Aristoteles puhui harvainvallasta ja vallan väärinkäytöstä, oligarkiasta. Oligarkeilla hän tarkoitti henkilöitä, jotka asemansa, esimerkiksi varallisuuden tai muun perusteella, käyttivät valtaa omaksi edukseen. Tämä ilmiö on havaittavissa nyky-yhteiskunnissakin, myös Suomessa. Oligarkit näyttävät pelaavan omia, heille tärkeitä valtapelejään, maksoi mitä maksoi. Ja maksajiksi odotetaan aina tavallisia kansalaisia, veronmaksajia.

Valtaan pyrkivät ja sinne pääsevät hyväosaiset ihmiset, joilla on aikaa, mahdollisuuksia, voimia, varallisuutta ja kykyä pyrkiä valtaan. Kuulumalla puolueisiin he saavat erityisaseman vallankäyttöön, jonka perustuslaki heille takaa.

Vallankäytön toisena vaihtoehtona Suomen laissa mainitut valitsijayhdistykset ovat käytännössä vain teoreettinen mahdollisuus tulla valituksi kansanedustajaksi. Näin ilmeisesti haluttiin kaunistella asiaa: sitä, että tällä tavalla peitellään todellinen tilanne ja voidaan sanoa, että kyllä meillä kansanvaltaa, demokratiaa on.

Poliitikkojen korkein tavoite näyttää nykyisin olevan päästä hyvin palkattuihin EU:n virkoihin. Tämä johtuu osittain siitä, että puolueiden jäseniltä on otettu valta pois: Suomessa ei ole tosiasiassa toimivaa demokratiaa. Poliitikoilla ei ole todellisuudessa valtaa päättää niistäkään asioista, joista heidän kuuluisi päättää. Eduskunta on yhä useammin EU:n päätösten siunaaja, kumileimasin – ei itsenäinen päätöksentekijä.

Aristoteles puhui myös aristokratiasta, jolla hän tarkoitti sellaista harvainvaltaa, missä vallassa olijat toimivat ihmisten parhaaksi. Suomessa tällaista ei mielestäni juuri ole nähty viime aikoina, oligarkiaa pikemminkin.

Suomessa presidentti voisi halutessaan toimia tasapainoittavana yhteiskunnallisena voimana ja tukea vähäosaisten selviytymistä. Tämä voi olla kuitenkin vaikeaa silloin, kun presidentti on valittu hyväosaisten joukosta ja heidän taloudellisella tuellaan.

Lavasteiden (kulisien) takana

Nykyinen maailman- ja Suomen poliittinen tilanne näyttävät saaneen Suomenkin päättäjät pois tolaltaan ja jopa kauhun valtaan. *Tämä on johtanut vaaralliseen kehityskulkuun, vääristyneeseen todellisuuden hahmottamiseen. Siihen, että maailma nähdään mustavalkoisena, hyvänä ja pahana: länsi on hyvä, itä on paha. Näin luodaan pohjaa joukkohulluudelle ja sodille.*

Idän pahuutta vastaan suojaudutaan toisen maailmansodan ajoilta tutulla, keskitysleirin aitoja muistuttavalla piikkilanka-aidalla valtion rajalla. Tällä tavalla estetään myös oman maan kansalaisten kulkeminen maasta toiseen. Ihmiset ovat päättäjien vankeja omassa maassaan ilman omaa syytään. *Poikkeustilanteen ylläpitämiseksi ja kansalaisten perusoikeuksien rajoittamiseksi ei riitä se, että vedotaan vain epämääräiseen "tiedustelutietoon" ilman konkreettista näyttöä.*

Taloudellinen tilanne aiheuttaa luultavasti päättäjissä huolta ja kauhua siksi, että se nakertaa kansalaisten elämisen ehtoja ja valtion itsenäisyyttä. Pelätään, että joutumalla EU:n holhoukseen, paljastuu koko maan todellinen tilanne.

Uhkaksi koetaan se, että *harhaanjohtavat yhteiskunnalliset lavasteet (kulissit): itsenäisyys, vauraus, hyvinvointi, toimiva demokratia, onnellisuus ja turvallisuus,* joita on pidetty yllä, voivat romahtaa ja todellisuus paljastuu. Seurauksena voisi olla kasvojen menetys ihmisten silmissä. Pelätään sitä, että voidaan joutua tilanteeseen, jolloin ihmiset alkavat kysellä oikeuksiensa perään ja sitä, mihin oikeastaan ollaan sitouduttu ja minne ollaan menossa.

Tulehtunut poliittinen tilanne on saanut joissakin päättäjissä aikaan hallitsematonta käyttäytymistä, ylilyöntejä. Se, että julkisesti haukutaan naapuria päivittäin ja esiinnytään hänen mielenliikkeidensä tulkitsijana, ei edistä hyviä naapuruussuhteita. Hyvää diplomatiaa se ei ainakaan ole, ehkä keittiöpsykologiaa.

On hyvä pohtia, kannattaako ilakoida toisen epäonnistumisista ja tehdä itse heti samoja väärinarviointeja ja virheitä. *"Nauruko sodalle, paremminkin itku"*, veljeni Kari [1] on todennut. Henkilökohtaisilla suhteilla on aina suuri merkitys luottamuksen, turvallisuuden tunteen ja - tilan luomisessa. Vaikka rankaisumieliala on yleistynyt, on syytä arvioida, onko siinä asemassa, että voi rankaista toista, onko sille perusteita ja mitä siitä voi seurata.

Onko todellisuudessa kysymys vain pelosta ja omasta alemmuuden tunteesta, jota peitellään rehentelevällä ylimielisellä käyttäytymisellä. Joskus voisi parempi

[1] Kari Waris: Ajattelen – Elän (s. 90), BoD 2023

vaihtoehto olla se, että ilmaisee syvän surunsa ja huolensa tapahtuneesta, pahoittelee sitä ja tekee ehdotuksia tilanteen korjaamiseksi. Jos ihmisten välit ovat luottamukselliset, puhetta kuunnellaan kyllä. Jos turvallisuuden tunnetta ei ole ihmisen korvien välissä, hänen mielessään, ei sitä voida tuoda sinne tykeillä, piikkilanka-aidoilla, linnoituksilla, ohjuksilla, ydinaseilla, ei millään tempuilla. - Jos asiat ovat näin ikävästi, kannattaa harkita hakeutumista psykoterapiaan. Samoin on hyvä toimia silloin, jos kokee kaikkialla olevan vain vihollisia.

Suhteet ulkovaltoihin

Jostain syystä Suomen suhteet muuhun kuin läntiseen maailmaan, erityisesti Venäjään, ovat aina olleet ongelmalliset. Yksi syy tähän on varmaankin ollut se, että täällä valtaa pitävät tunnustavat samaa ideologiaa ja uskontoa kuin heidän viiteryhmänsä USA:n johdolla. *Demokratia ja sen pönkittäjä liberalismi ovat pyhiä, jumalallisia asioita, joita ei voida kyseenalaistaa. Ei, vaikka ne aiheuttaisivat ihmiselle kuinka suurta tuhoa tahansa.*

Pyhä, jumalallinen ja koskematon itsestäänselvyys näyttää olevan myös sellaisten kansojen palvominen, jotka pitävät ovelasti itseään jumalan edustajana ja tämän omana kansana. - Jumalan kyllä, mutta usein verenhimoisen ja ihmisuhreja vaativan jumalan.

Maailman valtapoliittinen tilanne heijastuu myös Suomen yhteiskunnalliseen asemaan ja toimintaan.

Varsinkin oikeiston katseet ovat nykyään kääntyneet auringonlaskun suuntaan, länteen. Korkeimpana arvona nähdään liberalismi eli ensisijaisesti vahvojen vapaus, jota edustaa vapauden patsas New York: in edustalla.

Kun aiemmin Suomessa häpeiltiin idän suhteiden hoitamisesta saatua leimaa "suomettuminen", ollaan nyt ikään kuin rähmällään maassa Vapauden patsas- jumalattaren edessä. Tunnetaan suurta hartautta, kunnioitusta, kiitollisuutta, turvallisuutta ja sanoin kuvaamatonta onnellisuutta siitä, että ollaan vihdoin päästy lännen hyväksynnän piiriin omaksumalla sen oikeaoppiset arvot ja uskomukset. Koetaan, että nyt ollaan oikeasti päästy rakentamaan pikku-Amerikkaa: maata, "Missä onnen kaukorantaan laine liplattaa..." ("Satumaa", tango). Missä virallisena kielenä olisi amerikanenglanti.

Suomen valtio on varautunut hyvin sotilaallisiin yhteenottoihin. Sillä on vielä vahva armeija, mikä on yksi itsenäisen maan merkki. Armeijaa ollaan kuitenkin nyt integroimassa (sulauttamassa) sekä Nato: n että EU:n puolustukseen. Tällä vahvistetaan liittoutumien joukkoja ja samalla ajetaan pehmeästi alas (riisutaan aseista) maan omaa puolustuskykyä, päätäntävaltaa.

Jos olisin armeijan johtaja, en olisi niin lapsellisen sinisilmäinen, että odottaisin vihollisia tulevaksi vain idän suunnasta. Kaikki suunnat ovat mahdollisia silloin, kun ollaan jatkuvassa muutoksessa. *Päinvastoin kuin ihmisille uskotellaan, mikään muu ei ole pysyvää, paitsi muutos. Muutoksia tapahtuu koko ajan, ja kaikki muutokset ovat aina mahdollisia.* Kaikilla poliittisilla ryhmittymillä, olivatpa ne idästä tai lännestä, on pohjaton laajentumis- ja vallanhalu: halu määrätä ihmisten yli kaikesta mahdollisesta.

Armeijan sulauttamisen seurauksena päätösvalta oman armeijan käytöstä on heikompaa myös siinä tapauksessa, että länsiryhmittymien sisällä syntyy ristiriitoja. Tällainen tilanne voi hyvinkin syntyä esimerkiksi silloin, kun kansallisvaltion kansalaiset alkavat haluta enemmän itsenäisyyttä, päätösvaltaa ja pois liittoutumista.

Maassamme näyttää vallitsevan käsitys, että yhteiskunta on vain sotilasorganisaatio. Sen lisäksi valtio nähdään mielellään liikelaitoksena, pankkina, pörssiyhtiönä tai kauppana. Nämä ovat kuitenkin vain yhteiskunnan aputoimintoja, joiden tarkoituksena on taata kaikille perustoimeentuloa ja hyvinvointia.

Yhteiskunta on tosiasiassa aina pohjimmiltaan ihmisten muodostama sosiaalinen yhteisö, missä kaikista sen jäsenistä pidetään huolta. Jos tämä unohtuu, niin kuin näyttää tapahtuneen, ollaan pahasti hakoteillä, ja valtion olemassaolo on uhattuna. Valtio menettää merkityksensä.

Suomalaisia on perinteisesti pidetty rauhaa rakastavina, maana, joka rakentaa rauhaa. Täällä on kuitenkin aina ollut henkilöitä, sotahaukkoja, jotka eivät ajattele niin.

Nämä ihmiset eivät ymmärrä esimerkiksi sitä, että Nato on puolustusliitto, ei hyökkäysliitto. Siksi he valmistautuvat koko ajan sotaan - suunnittelevat sotimista, mukamas rauhan nimissä muinaisen Rooman valtakunnan tapaan.

Olen kauan ollut huolissani Suomessa esiintyvästä pidätellystä vihasta ja aseiden kalistelusta. Jo vuosikymmeniä olen ollut sitä mieltä, että jos maamme olisi vähänkään isompi, se olisi uhka koko maailman rauhalle. Niin paljon täällä on peiteltyä uhoa, pörhistelyä ja vihaa. Vaikuttaa siltä, että nämä patoutumat purkautuvat nyt, kun maailmapoliittinen tilanne ja omien taustojen monikertainen turvaaminen sallivat sen.

Kun Suomi on liittoutunut nyt myös sotilaallisesti, on syytä maailman rauhan vuoksi olla tarkkana niistä toimenpiteistä, joita maassa suunnitellaan ja joihin siellä ryhdytään. Varautuminen pahimpaan ei edellytä jatkuvaa ja vastuuntunnotonta sotapropagandan suuntaamista koko kansalle, ihmisten pelottelua ja vihan lietsontaa.

Lisääntynyt sotapropaganda selittynee ainakin osittain sillä, että politiikassa on mukana yhä enemmän entisiä korkea-arvoisia ammattisotilaita ja reserviläisiä tai muuten sotaisuutta ihannoivia henkilöitä, valtion johdosta alkaen. Erityisesti porvaripuolueisiin näyttää olevan pestautunut tai pestattu tällaisia henkilöitä ilmeisen paljon. Jopa niin, että saa vaikutelman laillistetusta, kapteeni- ja luutnanttivetoisesta sotilasvallankaappauksesta. Nämä henkilöt ovat olleet kovin aktiivisia ja äänekkäitä julkisuudessa.

Pidän vieraiden maiden aseistamista poliittisesti ja talouspoliittisesti suurena virheenä. Maan ulkopuolelle suunnattua miljardiluokan sotarahoitusta on syytä tarkastella kriittisesti ottaen huomioon maan taloudellinen tilanne ja oman maan ihmisten kärsimykset. Rahoitus on myös voitava lopettaa.

Jos välttämättä halutaan jatkaa tällä turmion tiellä, voidaan rahoitusta varten kerätä kolehtia suuryrityksiltä, joiden kassat pullottavat voitoista: sadoista miljoonista ja miljardeista. Nämä varmasti mielellään rahoittavat uusia liiketoimintamahdollisuuksiaan. Sympatiaa ja ihmisystävällistä (humanitaarista) tukea voidaan kavereille antaa kohtuudella verovaroistakin.

Suomessa puhutaan ääni väristen isänmaan edusta ja puolustamisesta, siihen kyllä panostetaan. En ole koskaan kuullut puhuttavan äidin ja lasten maasta, puhumattakaan sen puolustamisesta. Syytä kyllä olisi, sillä jos ei ole maata äideillä ja lapsilla, ei isilläkään ole enää, mitä puolustaa.

Euroopan unioni

Läntisten talous- ja puolustusorganisaatioiden synty
ajoittuu toisen maailmasodan jälkeiseen aikaan. Niiden
perustamiseen vaikuttivat toisen maailmansodan kau-
hukokemukset. Haluttiin varmistaa, ettei enää koskaan
tarvitsisi kokea mitään koetun kaltaista. EU: n pohjana
oleva Euroopan hiili- ja teräsyhteisö aloitti toimintansa
1952. Pohjois-Atlantin puolustusliitto Nato syntyi 1949.

Euroopan unionin nykyinen rakenne ja toiminta perus-
tuvat ns. Lissabonin sopimukseen, joka on Unionin pe-
russopimus. Se astui voimaan 1.12.2009. Myös Suomen
eduskunta ratifioi tämän sopimuksen 1.6.2008 ja Ahven-
maan maakuntapäivät 25.11.2009. Sopimuksessa vah-
vistettujen periaatteiden mukaan keskeistä päätösvaltaa
EU:ssa käyttävät Euroopan parlamentti, Euroopan
unionin neuvosto ja Euroopan komissio. Sopimuksesta
ei järjestetty tällä kertaa kansanäänestystä. Tämä johtui
ilmeisesti siitä syystä, että neuvoa antavassa kansanää-
nestyksessä 16.10.1994 oli hyväksytty liittymissopimus
käytännössä "tyhjänä (blanco) köyhän miehen pape-
rina".

EU:n toiminta näyttää yhä laajenevan ja syvenevän mitä
moninaisimpiin kansallisessa päätösvallassa oleviin asi-
oihin. Euroopan valtioiden kansallisen päätösvalta on
siirtynyt ja siirtyy yhä enemmän Europan unionin yh-
teydessä toimiville päätöksentekoelimille. Niinpä *EU*

näyttää käytännössä liittovaltiolta. Sen kansalliset jäsenvaltiot ovat köyhiä, ja niissä on rajoitettu itsehallinto (autonomia). Aikaisemmin puhuttiin paheksuen siitä, kuinka Neuvostoliitto on kansojen sulatusuuni: siellä kansat katoavat. Samoin voidaan nyt sanoa Euroopan unionista. *Voidaan perustellusti kysyä, onko Euroopan unioni länsimaisten kansojen sulatusuuni, jossa kansallisvaltioilla ei ole tarkoitus olla enää omaa päätäntävaltaa, merkitystä eikä olemassaoloa? Rakennetaanko viekkaudella uutta "Rooman valtakuntaa"?*

EU kutsuu virkamiehiään organisaationsa *korkeiksi edustajiksi* – pelkkä edustaja kun ei nähtävästi käy. Näin luodaan ihmisille kuvaa jostakin suuresta ja ylevästä, jota pitää kunnioittaa ja arvostaa.

Eri maiden poliittiset puolueet ovat edustettuina Euroopan unionissa. Koska näin on, puolueiden jengiperiaatteita sovelletaan myös Euroopan unionin toiminnassa. Se rankaisee niitä jäseniä, jotka eivät tottele jengin johtajien sanelemaa politiikkaa. Esimerkkeinä tästä ovat Unkari ja Puola. Näin siitä huolimatta, että periaatteena on alun perin monissa asioissa ollut se, että päätösten täytyy olla yksimielisiä. Tällä houkuteltiin pieniä maita liittymään Unioniin. Poliittiset puolueet Euroopan unionissa haluavat ilmeisesti nyt vahvistaa entisestään unionin yhtenäisyyttä, jengiytymistä. Jengiytyminen lisää väkivaltaa ja synnyttää selkkauksia eri ryhmittymien välille, myös sotia.

Alun perin Unionia "kaupattiin" äänestäjille talousliittona. Kun se on alkanut puuhastella ihan jotain muuta, on syytä palata tarkastelemaan liittymissopimusta, avata se, ja tarvittaessa tehdä uusia päätöksiä. Europan unionista, samoin Pohjois-Atlantin puolustusliitosta (Nato) voidaan myös erota, jos siltä tuntuu. - Suomi ei ole velkaa EU:lle: Suomen valtio maksaa Unionille enemmän jäsenmaksuja kuin mitä se saa sieltä palautuksia (omia rahojaan).

Suomi kuuluu köyhien maiden joukkoon, vaikka ulospäin esitetään jotain aivan muuta. Maa on ainakin Pohjolan, ellei koko Euroopan, "köyhä ja sairas mies". Suomessa on suuri ja yhä kasvava joukko ihmisiä, joiden toimeentulo ja koko elämä on vaakalaudalla.

Euroopan unionin tulisi kiireellisesti ryhtyä poistamaan köyhyyttä alueeltaan. Tässä Suomi voisi hyvin olla aloitteentekijänä sen sijasta, että se ehdottelee yhteisen aseellisen puolustuksen kehittämistä ja rahoittaa vähillä verovaroillaan tai velalla miljarditolkulla muiden maiden sotia.

Euroopan ja Suomen paras puolustus on sen ihmisten hyvinvoinnin puolustaminen; siihen kannattaa sijoittaa. Yritysten lisäksi rahoituslähteenä voisi toimia esimerkiksi Euroopan sosiaalirahasto, jonka toimintaa ja voimavaroja voidaan kehittää. Tämä olisi oikea arvovalinta.

Lopuksi

Kaikki se paha, mitä maailmassa ja yhteiskunnissa tapahtuu ihmisten välillä, on ihmisen aiheuttamaa. Tämä johtuu mielestäni paljolti siitä, että ihmisen on vaikea nähdä todellisuutta: hän katselee ja hahmottaa maailmaa vääristynein silmin.

Maailma nähdään usein mustavalkoisena, hyvä - paha – järjestelmänä, missä ihminen näkee itsensä hyvänä, ja toisella tavalla ajattelevat ja elävät ovat hänen mielestään pahoja. Osasyynä tähän ovat vanhat perinteet ja käyttäytymismallit, joita noudatetaan sokeasti seurauksista välittämättä.

Maailma ei ole mustavalkoinen, vaan värillinen: on monia elämisen muotoja. Toisia ihmisiä vahingoittavista käyttäytymistavoista on mahdollista päästä eroon ajattelemalla etukäteen oman käyttäytymisensä seurauksia. Onko mikään sen arvoista, että pitäisi vahingoittaa toista, ehkä jopa tappaa hänet? Ei varmasti ole. Ihminen pystyy kyllä hyvään toisia ihmisiä kohtaan, jos hän haluaa sitä, ja uskon, että yhä useammat haluavat.

Maailma tulee paremmaksi, kun ihminen vapautuu omistamisen ja vallankäytön harhoistaan ja lakkaa palvelemasta verenhimoisia jumaliaan.

Linkkejä:

https://archive.org /
Hakusanat: Työsuojeluhallitus, Kyösti Waris

Esite:

Työelämä ja mielenterveys
Arbetslivet och psykisk hälsa

Julkaisija: Työsuojeluhallitus 1980 (4/80)
Tekstin kirjoittaja: Kyösti Waris
Lähde: Kirjoittajan kotiarkisto / *Internet Archive*